# SOMOS CAPAZES DE COMUNICAR

## 4º ANO
### PROFESSOR

MARIA INÊS CARNIATO

# SOMOS CAPAZES DE COMUNICAR

## 4º ANO
### PROFESSOR

EDIÇÃO REVISTA E AMPLIADA

**Dados Internacionais de Catalogação na Publicação (CIP)**
**(Câmara Brasileira do Livro, SP, Brasil)**

Carniato, Maria Inês
　　Somos capazes de comunicar : 4º ano : professor / Maria Inês Carniato ; ilustrações Soares. – rev. e ampl. – São Paulo : Paulinas, 2010. – (Coleção ensino religioso fundamental)

　　ISBN 978-85-356-0998-1

　　1. Educação religiosa (Ensino fundamental)　I. Soares　II. Título.　III. Série.

10-00225　　　　　　　　　　　　　　　　　　　　　　　　　　　　CDD-377.1

Índices para catálogo sistemático:
　1. Ensino religioso nas escolas　　377.1
　2. Religião : Ensino fundamental　377.1

1ª edição 2010
1ª reimpressão 2019

Direção-geral: Flávia Reginatto

Editora responsável: Luzia M. de Oliveira Sena

Assistente de edição: Andréia Schweitzer

Copidesque: Leonilda Menossi

Coordenação de revisão: Marina Mendonça

Revisão: Ruth Mitzuie Kluska

Direção de arte: Irma Cipriani

Ilustrações: Soares

Gerente de produção: Felício Calegaro Neto

Projeto gráfico: Telma Custódio

Nenhuma parte desta obra poderá ser reproduzida ou transmitida por qualquer forma e/ou quaisquer meios (eletrônico ou mecânico, incluindo fotocópia e gravação) ou arquivada em qualquer sistema ou banco de dados sem permissão escrita da Editora. Direitos reservados.

**Paulinas**
Rua Dona Inácia Uchoa, 62
04110-020 – São Paulo – SP (Brasil)
Tel.: (11) 2125-3500
http://www.paulinas.com.br – editora@paulinas.com.br
Telemarketing e SAC: 0800-7010081
© Pia Sociedade Filhas de São Paulo – São Paulo, 2002

# Convite a quem ama a educação

Você, professora/professor, que dedica suas energias, conhecimentos e tempo à grandiosa profissão de educar, com certeza deseja o melhor para seus alunos.

A escola forma o ser humano como cidadão consciente, crítico, participante e responsável, mas também como pessoa única, situada no mistério da abertura à transcendência, que se manifesta nos sinais do sagrado presentes na diversidade cultural e religiosa.

O componente curricular Ensino Religioso não é proposta de fé, mas, sim, conhecimento e apropriação de novos saberes acerca de dados reais presentes na sociedade. Proporciona a derrubada de preconceitos, temores e rivalidades e a convivência ética, respeitosa e solidária com as diferenças que compõem a diversidade religiosa, étnica e cultural da população brasileira e da humanidade.

Cabe a você comunicar aos alunos e a seus familiares a confiança na escola e a certeza de que o Ensino Religioso, longe de excluir ou desprezar qualquer experiência ou pertença religiosa, educa para o respeito à diversidade e a valorização dos diferentes conhecimentos, vivências e modos de crer, presentes na sala de aula, na escola e na sociedade.

Educar para a convivência positiva com as diferenças é um dos principais objetivos do Ensino Religioso. Por isso o livro do 4º ano, *Somos capazes de comunicar*, inicia as crianças no conhecimento de códigos e linguagens simbólicas escritas e visuais que expressam a ação humana de procurar a comunicação com o transcendente. Sugere atividades lúdicas com música e artes, ao mesmo tempo em que valoriza o conhecimento já adquirido e as vivências religiosas trazidas pelos alunos para a sala de aula. Incentiva o exercício de observar fatos e sinais do sagrado no meio ambiente e na cultura, refletir, procurar novos saberes, expressar ideias por escrito, socializar resultados de pesquisas e tirar conclusões significativas.

Parabéns por sua coragem de apostar na eficácia transformadora do Ensino Religioso. Auguramos que este livro venha ao encontro de suas expectativas didáticas e pedagógicas e contribua para fazer de sua sala de aula uma célula do mundo de igualdade e paz com o qual todos sonhamos.

A você, um abraço de Paulinas Editora e da autora deste livro.

# Ensino Religioso
# Componente curricular do Ensino Fundamental

A escola é espaço de pesquisa, construção de conhecimento, apropriação do legado cultural da humanidade e reflexão sobre a vida atual, em vista da educação integral e cidadã.

O Ensino Religioso, componente curricular do Ensino Fundamental, afirma-se nas Ciências da Religião, uma nova área acadêmica adotada em universidades do mundo inteiro, nos últimos 100 anos.

As Ciências da Religião têm por objetivo o estudo sistemático da religião, ou seja, das expressões culturais da religiosidade humana, em todas as suas dimensões, formas, conteúdos, práticas, significações. Por isso, a sua estrutura é multidisciplinar. Diferentes disciplinas, como Sociologia, Antropologia, História, Geografia, Filosofia, Psicologia, dentre outras, auxiliam na abordagem e compreensão desse fenômeno universal, presente nas diferentes culturas, desde os primórdios da humanidade.

O objeto de estudo da disciplina Ensino Religioso é o Fenômeno Religioso, isto é, os sinais e as expressões da religiosidade humana na cultura e na sociedade. Edgar Morin, professor da Universidade de Paris, no livro *Os sete saberes necessários para a educação do futuro*, escrito a pedido da UNESCO (Organização das Nações Unidas para a Educação, a Ciência e a Cultura), sobre os paradigmas da educação para o Terceiro Milênio, assim diz: "O saber científico sobre o qual este texto se apoia para situar a condição humana não só é provisório, mas também desemboca em profundos mistérios referentes ao Universo, à Vida, ao nascimento do ser humano. Aqui, intervêm opções filosóficas e crenças religiosas através de culturas e civilizações" (p. 13).

O Ensino Religioso como parte da educação cidadã, visa desenvolver as duas dimensões propostas pelo professor Morin: por um lado, o saber que resulta do rigor científico e, por outro, a humanização e a superação de preconceitos e rivalidades derivados da ignorância ante a diversidade de gênero, cultura, religião ou etnia.

## EXIGÊNCIA CULTURAL DA SOCIEDADE

A UNESCO há muitos anos incentiva os povos a uma convivência internacional justificada pelos Direitos Fundamentais do Ser Humano, dentre os quais o direito de crença e de culto.

Diz a *Convenção Relativa à Luta contra a Discriminação no Campo do Ensino*, de 1960: "A educação deve visar ao pleno desenvolvimento da personalidade humana e ao fortalecimento do respeito aos direitos humanos e das liberdades fundamentais, o que deve favorecer a compreensão, a tolerância e a amizade entre todas as nações e todos os grupos raciais ou religiosos, assim como o desenvolvimento das atividades nas Nações Unidas para a manutenção da paz. Deve ser respeitada a liberdade dos pais ou, quando for o caso, dos tutores legais de assegurar, conforme as modalidades de aplicações próprias da legislação de cada Estado, a educação religiosa e moral dos filhos, de acordo com suas próprias convicções; outrossim, nenhuma pessoa ou nenhum grupo poderá ser obrigado a receber instrução religiosa incompatível com suas convicções" (art. 5º).

A *Declaração sobre a Raça e os Preconceitos Raciais*, de 1978, diz: "A identidade de origem não afeta de modo algum a faculdade que possuem os seres humanos de viver diferentemente, nem as diferenças fundadas na diversidade das culturas, do meio ambiente e da história, nem o direito de conservar a identidade cultural" (art. 1º).

A *Declaração sobre a Diversidade Cultural*, de 2001, confirma em sua introdução: "A UNESCO, reafirmando sua adesão à plena realização dos direitos humanos e das liberdades fundamentais proclamadas pela *Declaração Universal dos Direitos Humanos*; [...] Reafirmando que a cultura deve ser considerada como o conjunto de traços distintivos espirituais e materiais, intelectuais e afetivos que caracterizam uma sociedade ou um grupo social, e que abrange, além das artes e das letras, os modos de vida, as formas de convivência, os sistemas de valores, as tradições e as crenças. [...] Aspirando a uma maior solidariedade baseada no reconhecimento da diversidade cultural, na conscientização da unidade do Gênero Humano e no desenvolvimento de intercâmbios culturais, proclama: [...] A diversidade cultural amplia as possibilidades de escolha que se oferecem a todos; é uma das fontes do desenvolvimento, entendido não somente em termos de crescimento econômico, mas também como meio de acesso a uma existência intelectual, afetiva, moral e espiritual satisfatória" (art. 3º).

A *Convenção para a Salvaguarda do Patrimônio Cultural Imaterial*, de 2003, acrescenta: "O patrimônio cultural imaterial [...] manifesta-se em particular nos seguintes campos: tradições e expressões orais, incluindo o idioma como veículo do patrimônio cultural imaterial; expressões artísticas; práticas sociais, rituais e atos festivos; conhecimentos e práticas relacionados à natureza e ao universo; técnicas artesanais tradicionais. Entende-se por 'salvaguarda' as medidas que visam garantir a viabilidade do patrimônio cultural imaterial, tais como a identificação, a documentação, a investigação, a preservação, a proteção, a promoção, a valorização, a transmissão – essencialmente por meio da educação formal e não formal – e revitalização deste patrimônio em seus diversos aspectos" (arts. 2º e 3º).

Acesso aos textos integrais da UNESCO: <www.brasilia.unesco.org./publicacoes/docinternacionais/doccultura>.

## DIVERSIDADE E DIREITOS HUMANOS NO BRASIL

O Estado brasileiro, por meio da Secretaria Especial de Direitos Humanos, vem pondo em prática os compromissos assumidos como Estado membro da UNESCO.

A *Constituição Federal* de 1988 assim diz: "É inviolável a liberdade de consciência e de crença, sendo assegurado o livre exercício dos cultos religiosos e garantida, na forma da lei, a proteção aos locais de culto e a suas liturgias" (art. 5º, inciso VI).

A Cartilha *Diversidade Religiosa e Direitos Humanos*, de 2005, complementa: "O Estado brasileiro é laico. Isso significa que ele não deve ter, e não tem religião. Tem, sim, o dever de garantir a liberdade religiosa [...] um dos direitos fundamentais da humanidade, como afirma a Declaração Universal dos Direitos Humanos. [...] A pluralidade, construída por várias raças, culturas, religiões, permite que todos sejam iguais, cada um com suas diferenças. É o que faz do Brasil, Brasil. Certamente, deveríamos, pela diversidade de nossa origem, pela convivência entre os diferentes, servir de exemplo para o mundo" (Apresentação).

Acesso à Cartilha: <www.presidencia.gov.br/estrutura_presidenciasedh/.arquivos/cartilhadiversidadereligiosaportugues.pdf>.

## O ENSINO RELIGIOSO NO ÂMBITO DA EDUCAÇÃO NACIONAL

A *Constituição Federal* de 1988 assim define o Ensino Religioso: "Serão fixados conteúdos mínimos para o Ensino Fundamental, de maneira a assegurar formação básica comum e respeito aos valores culturais e artísticos, nacionais e regionais. § 1º – O Ensino Religioso, de matrícula facultativa, constituirá disciplina dos horários normais das escolas públicas de Ensino Fundamental" (cf. art. 110).

O art. 33 da *Lei de Diretrizes e Bases da Educação Nacional* de 1996, redigido pela segunda vez pela Lei n. 9475, em 1997, esclarece: "O Ensino Religioso, de matrícula facultativa, é parte integrante da formação básica do cidadão e constitui disciplina dos horários normais das escolas públicas de Ensino Fundamental, assegurado o respeito à diversidade cultural religiosa do Brasil, vedadas quaisquer formas de proselitismo".

A Câmara de Educação Básica do Conselho Nacional de Educação, na Resolução n. 02/98, ao instituir as *Diretrizes Curriculares Nacionais para o Ensino Fundamental*, sinaliza: "Em todas as escolas deverá ser garantida a igualdade de acesso para os alunos a uma base nacional comum, de maneira a legitimar a unidade e a qualidade da ação pedagógica na diversidade nacional. A base comum nacional e sua parte diversificada deverão integrar-se em torno do paradigma curricular, que vise estabelecer a relação entre a educação fundamental e:

a) a vida cidadã, através da articulação entre vários dos seus aspectos como: a saúde, a sexualidade, a vida familiar e social, o meio ambiente, o trabalho, a ciência e a tecnologia, a cultura, as linguagens;

b) as áreas de conhecimento: Língua Portuguesa, Língua Materna (para populações indígenas e imigrantes), Matemática, Ciências, Geografia, História, Língua Estrangeira, Educação Artística, Educação Física e Educação Religiosa [...]" (art. 3º, item IV).

A Resolução reconhece a Educação Religiosa (ou Ensino Religioso) como área de conhecimento integrante da formação básica do cidadão.

## CONTEÚDOS DO ENSINO RELIGIOSO

No âmbito das matrizes histórico-culturais brasileiras, o objeto de estudo do Ensino Religioso é o Fenômeno Religioso enquanto Patrimônio Imaterial do povo brasileiro.

De forma pedagógica, pode-se organizar a diversidade de informações e de possíveis abordagens do conteúdo em cinco eixos temáticos, partindo-se do visível, isto é, do conhecimento ao qual os estudantes têm acesso fora da escola, por meio da cultura, da comunicação, da observação do meio ambiente ou da experiência familiar:

- **Ritos, festas, locais sagrados, símbolos** – centros religiosos, templos, igrejas, sinagogas, mesquitas, terreiros, casas de reza; cerimônias, oferendas, cultos, liturgias, rituais etc.
- **Tradições religiosas** – indígenas, africanas e afro-brasileiras, Judaísmo, Xintoísmo, Hinduísmo, Budismo, Islamismo, Fé Bahá'í, Protestantismo, Catolicismo, Pentecostalismo, novos movimentos religiosos ecléticos e sincréticos, religião cigana e outras.
- **Teologias das tradições religiosas** – diferentes nomes e atributos do ser transcendente, diferenças e semelhanças doutrinais entre as tradições religiosas; mitos de origem; crenças na imortalidade: ancestralidade, reencarnação, ressurreição.
- **Textos sagrados** – orais: mitos e cosmovisões das tradições indígenas, ciganas, africanas; escritos: livros sagrados das antigas civilizações e das tradições religiosas atuais.
- *Ethos* **dos povos e das culturas** – costumes e valores dos povos e de suas religiões.

## TRATAMENTO PEDAGÓGICO DO ENSINO RELIGIOSO

O Ensino Religioso é essencialmente interdisciplinar. Requer atividades interativas que proporcionem não só pesquisa rigorosa, reelaboração de dados, produção de formas literárias e artísticas do conhecimento adquirido e reflexão, como também experiências significativas na educação integral, pois nenhuma disciplina como o Ensino Religioso lida com as questões humanas universais.

Estas, por sua vez, refletidas e dialogadas, podem iluminar questões particulares e coletivas e se transformar em construção da sabedoria de vida, que leva à cidadania e ao protagonismo na humanização e na transformação da sociedade.

# Orientações para o uso deste livro

O livro do aluno não é consumível. É preciso caderno ou folhas para as atividades escritas e artísticas. Poderá ser usado por outra criança no ano seguinte, motivando os alunos a conservá-lo com cuidado e, assim, exercitar a cidadania.

## MATERIAL E FONTES DE PESQUISA

Os materiais de arte da escola são apreciados por estudantes de todas as idades. Será sugerido o uso de massa de modelar, argila, tintas, lápis para desenho e pintura, tesoura, cola, papel colorido, gravuras e materiais de colagem, montagem e dobraduras, bem como todo tipo de material alternativo ("sucata"). No 4º ano, esse material servirá para expressar artisticamente ideias e conclusões de pesquisas e de reflexão.

As pesquisas de conteúdos podem ser feitas em livros, filmes documentários, sites da internet, revistas ou ainda por meio de entrevistas, pesquisas de campo e registros de dados por filmagem, gravação, fotografia e todos os meios aos quais os estudantes tenham acesso.

## METODOLOGIA

O livro traz sugestões de atividades para cada aula. Algumas podem ser estendidas por duas ou três aulas consecutivas, conforme o desempenho e o interesse da turma. Outras podem dar origem a projetos de duração maior. Este é o motivo de haver apenas 16 aulas para serem desenvolvidas ao longo do ano.

De modo geral, cada aula terá uma ou mais sugestões de atividade de reflexão e construção de conhecimento a partir dos textos do próprio livro.

## PASSOS DO PLANO DE AULA

### TEXTO

No início de cada aula há um pequeno texto que relata uma situação possível na vida dos alunos. A partir dele, pode-se abordar o Fenômeno Religioso e dialogar a respeito de vários aspectos do sagrado na diversidade cultural e na realidade cotidiana.

### CÍRCULO DE INICIAÇÃO

Atividade de reflexão e compreensão dos temas propostos e diálogo a respeito de conhecimentos e experiências pessoais dos estudantes.

## ENIGMA

Atividade lúdica cujo objetivo é fazer pensar, conhecer, divertir e integrar. Não precisa ser feita necessariamente durante a aula.

## TRILHA DA SABEDORIA

Atividades variadas que podem ser desenvolvidas em casa, em grupos ou individualmente. Pode-se combinar com a turma se o resultado dessas atividades será apresentado na aula seguinte ou não.

## MENSAGEM DA SEMANA

A canção ou texto final representa o sonho alimentado pelas tradições religiosas: a esperança num tempo melhor para o mundo, a sociedade e as pessoas.

As músicas sugeridas estão reunidas no CD que acompanha este livro. Podem ser usadas para atividades alternativas na sala, acompanhadas de sons e ritmos produzidos pelo corpo ou por instrumentos, de preferência construídos pela turma, com material alternativo.

## UNIDADE 1

# A comunicação no planeta Géa

**Objetivo** Refletir acerca da capacidade de participação individual e coletiva na construção de um mundo humanizado e pleno de significados, conforme ensinam as tradições religiosas.

# 1.1. Agentes secretos de Géa*

## OBJETIVO

Apresentar-se com base em valores e atitudes que caracterizarão a própria convivência com a turma.

## MATERIAL

Folha de cartolina, cola e pincéis atômicos ou canetinhas hidrocor. Pequenos retângulos de papel, de preferência colorido, para os documentos de identidade. Pode-se sugerir aos alunos que tragam fotos 3x4 para colar no documento, ou que desenhem a si mesmos no espaço reservado.

## TEXTO

O texto *A perseguição* pode ser abordado sob vários aspectos:
- O pressuposto da existência de um ser Criador (mitos da criação, presentes em todas as tradições religiosas).
- A participação humana no destino da Terra, por meio da ação transformadora.
- O valor do tempo como possibilidade de viver, pensar e agir.

---

\* Nome fictício, semelhante ao nome grego do planeta Terra – *gea* (pronuncia-se "guéa").

- O sonho de paz e felicidade (mitos do Paraíso).
- O mal, que oprime e causa sofrimento a todos os seres sensíveis.
- O desafio de ser diferente na cultura individualista.
- O significado de uma missão em favor dos semelhantes.

## A PERSEGUIÇÃO

O planeta Géa é uma linda esfera azul que flutua no espaço. É formado de água e terra, recoberto de verde e pontilhado de flores, desde o princípio. Depois, os habitantes o coloriram ainda mais com belas cidades, grandes navios nos mares e aeronaves no ar.

O que Géa tem de diferente de nosso planeta é o tempo. Lá, um dia vale por um ano. Um menino de 10 anos tem, na verdade, 3.650 anos.

Géa era um lugar de paz e felicidade. Mas foi invadida por guerreiros da terra do Pavor, que escravizaram os geáqueos e os forçaram a mentir, assaltar, assassinar, traficar, explorar, destruir, brigar, desrespeitar, abandonar, enganar, sequestrar e guerrear.

Quando os pavoráqueos iniciaram a perseguição em Géa, não conseguiram capturar todas as pessoas. Então, consultaram nos computadores os registros da população e descobriram os nomes dos clandestinos. Agora os perseguem para apanhá-los. Por isso, eles adotaram nomes enigmáticos e assumiram a identidade de agentes secretos. Eles têm a missão de restituir a liberdade à população escravizada e fazer o planeta voltar a ser o que era antes.

## DOCUMENTOS DOS AGENTES SECRETOS DE GÉA

Nome: *Discídapa*
Significado: *Discípula da paz*
Pai: *Respeito*
Mãe: *Serenidade*
Idade: *7.300 anos*
Missão secreta: *Jamais responder a provocações.*

Nome: *Désdemen*
Significado: *Destruidor de mentiras*
Pai: *Bom senso*
Mãe: *Sinceridade*
Missão secreta: *Jamais mentir nem enganar.*

Após a leitura da história, a turma pode criar um diálogo sobre atitudes e valores contrários a tudo que oprime e maltrata a população de Géa e anotar as conclusões no quadro.

Propor, então, um tempo de reflexão, no qual os estudantes podem criar o documento pessoal, identificando-se com valores e atitudes que libertem os habitantes do planeta oprimido.

A seguir, desenvolver as atividades indicadas no item *Círculo de Iniciação*:

- Dialogar acerca das questões sugeridas;
- Pedir a todos que se apresentem, usando o documento de identidade preparado;
- Sugerir que seja feito um quadro de agentes secretos, no qual os documentos serão colados. O quadro pode ser decorado em mutirão e exposto na sala.

*Resposta do enigma:* "irmão".

## CÍRCULO DE INICIAÇÃO

Você sabia que qualquer pessoa pode ter uma missão secreta?

Você viu que o nome de cada agente tem relação com a missão secreta?

Em sua opinião, quais as missões mais necessárias no planeta Terra? Por quê?

Agora, você pode imaginar-se um agente secreto de Géa. Pode escolher sua missão e criar o seu nome. Depois, faça seu documento de identidade e apresente-se.

## ENIGMA

Quem é a pessoa a quem nos sentimos unidos por sentimentos de fraternidade?

R.: Encaminhar-se (1) + Cacho de dedos (1)

O número entre parênteses indica o número de sílabas que você deve escrever para formar a palavra-resposta. Para descobrir as respostas, consulte o "chaveiro dos enigmas", no fim do livro.

## TRILHA DA SABEDORIA

Você pode pesquisar, durante a semana, o significado das palavras "discípulo" e "serenidade".

## MENSAGEM DA SEMANA

### DOCE PEDIDO

Vem, criança, vem
Empresta teu sorriso ao mundo
Deixa tua inocência preencher os espaços
Olha o céu, tu o tens em teus braços
Teu sonhar alcança as estrelas
Que brilham dentro de ti

Canta, criança, canta
Tua voz desperta os anjos
Que te acompanham na melodia
Teu mundo é tão fantasia
Tua meiguice enternece o coração da gente
E nele faz brotar a emoção como semente

Vem, criança, vem
Há esperança em tua inocência
É o Deus menino trazendo à consciência
O desejo de ser simples, de ser paz
Vem, criança, vem
Há esperança em tua inocência
Vem, criança, vem
Ensina-me a ser feliz também

Vem, criança, sorri
Ensina o mundo a ser feliz
É Deus quem fala pelo teu sorriso
É o coração dizendo que amar é preciso
Que o bem e a fé vêm do querer
E que é tão bom saber viver.

Paulinho e Cida Freitas. CD *Meu canto em oração*.
Paulinas/COMEP, 1996.

# 1.2. Palavras (quase) "mágicas"

## OBJETIVO

Compreender a importância da linguagem na comunicação de valores e atitudes que constroem paz e felicidade.

## TEXTO

O texto *A língua do país "P"* pode ser abordado sob vários aspectos:
- O que é preciso para que a população de um país seja alegre e feliz.
- O direito que todo ser humano tem de usufruir das condições de vida que o planeta oferece.
- As principais características da humanidade, que fazem dela uma única família (a capacidade de amar, de pensar, de decidir, de comunicar).
- Ritos, símbolos e atitudes ensinadas pelas tradições religiosas.

## A LÍNGUA DO PAÍS "P"

A população do país P é feliz. As pessoas descobriram a existência de palavras e letras que parecem mágicas, porque ajudam a viver com alegria.

P é um país muito bem cuidado. É a casa de todos. A principal característica do povo de P é a língua do P.

Organizar grupos e sugerir que descubram o segredo da linguagem do P.

Chave para o entendimento da língua do P: acrescentar a letra p e repetir a vogal, após cada sílaba. Ex.: casa = capa-sapa. Quando houver uma segunda ou terceira consoante, deslocá-la para depois da segunda vogal. Ex.: azul = apa-zupul, patins = papa-tipins.

Após os estudantes terem decifrado a língua do P, pedir que imaginem uma conferência internacional que se realiza no planeta P e criem um tema para ela. O objetivo da conferência deve ser a resolução de problemas da humanidade.

Pedir a cada grupo que apresente seu tema e justifique por que o escolheu.

*Resposta do enigma:* "A paz depende de todos nós".

## CÍRCULO DE INICIAÇÃO

Você descobriu como funciona a letra mágica na língua do país P? Observe, pense, compare e tente traduzir.

Depois reflita e converse com a turma: quais as outras palavras que a letra P faz lembrar?

## ENIGMA

Com o grupo, você pode imaginar que foi a uma conferência internacional no país P. Lá foram tratados assuntos urgentes para o bem de toda a população da Terra.

O tema da conferência foi: *Apa papaz depe-pepen-depe de-pe topo-dopos no-pós.*

Com o grupo, você pode criar outros temas para a conferência internacional. Pode usar as palavras que a letra "p" faz lembrar.

Também pode escrever os temas na linguagem do país P, depois trocá-los com outro grupo para serem decifrados.

## TRILHA DA SABEDORIA

Você pode pesquisar, durante a semana, o significado das palavras "partilha", "amor", "respeito" e "paz".

## MENSAGEM DA SEMANA

### FARÓIS DE ESPERANÇA

Um novo tempo sonhamos
De justiça, paz e amor
Unindo nossas mãos
Faremos acontecer

Ainda é tempo
Pra felicidade
Um cantinho de paz
Esperança e amizade
Respeitar a vida, a natureza
Cuidar da beleza de todo o planeta
É a nossa missão

Vamos acender faróis de esperança
Luzes de confiança
Para o mundo ser melhor.

Verônica Firmino. CD *Faróis de esperança*. Paulinas/COMEP, 2002.

# 1.3. Dicionário do conhecimento sagrado

## OBJETIVO

Conhecer o significado de palavras que expressam a sabedoria sagrada em todas as tradições religiosas.

## MATERIAL

Folhas de papel almaço ou outro, para começar a produção do dicionário sagrado. Verificar se os estudantes pesquisaram o significado das palavras sugeridas nas aulas anteriores, no item "trilha da sabedoria".

## TEXTO

O texto *A escola de todos os povos* pode ser abordado sob vários aspectos:

- A experiência do sagrado, como herança cultural da humanidade, à qual todo ser humano tem direito.
- A igualdade de direito entre meninos e meninas em uma escola, sabendo-se que existem países em que isso não acontece.
- O resgate da sabedoria de um ancião indígena, que personaliza a simplicidade e os valores essenciais da vida, conservados pelas tradições orais e pelos costumes das aldeias.
- A importância de pesquisar em livros, enciclopédias, dicionários ou na internet e construir pessoalmente o próprio conhecimento das palavras sagradas.
- A vantagem de escrever um dicionário da classe, pois determinadas palavras serão frequentes na aula de Ensino Religioso e o dicionário estará à disposição sempre que for preciso.

## A ESCOLA DE TODOS OS POVOS

A escola de conhecimento sagrado reúne estudantes de diferentes etnias, tradições religiosas e de todos os povos. O estudo funciona assim: a classe entra no círculo de iniciação e conversa a respeito do que acontece no mundo, no país, na cidade, nas famílias e na vida de cada pessoa.

O mestre da escola é um ancião de origem indígena. Depois de todos terem falado sobre assuntos que observam no dia a dia, ele inicia os alunos no conhecimento sagrado. Fala do ensinamento das tradições religiosas acerca das atitudes humanas. Por exemplo: se existe a *ira*, que maltrata e magoa, é possível viver a *mansidão*, que respeita e protege. Se existe a *desigualdade*, que causa fome e morte, é possível viver a *partilha*, que nos ensina a repartir o que é nosso com quem tem menos e proteger a vida. Se existe a *guerra*, que causa medo, é possível viver a *paz*, que dá segurança e alegria. Por isso, essas palavras são sagradas.

Quando o mestre acaba de explicar, as crianças pesquisam outros significados para as palavras sagradas. A turma toda, então, escreve o *Dicionário do conhecimento sagrado*. A cada aula, novas palavras aparecem.

Pedir aos estudantes que lembrem as línguas faladas no mundo e os alfabetos cuja existência conhecem.

Falar do simbolismo dos sinais gráficos das diversas línguas e da diferença entre eles, apesar de todos terem o mesmo objetivo: comunicar ideias e experiências.

Explicar o que significa "palavra sagrada" (palavras utilizadas para a comunicação da experiência religiosa).

Organizar grupos e pedir que façam uma síntese dos significados que cada um encontrou para as palavras sugeridas nas aulas anteriores: "discípulo", "mansidão", "partilha" e "paz". É aconselhável distribuir apenas uma palavra para cada grupo.

Após o trabalho dos grupos, começar a escrever o dicionário. Deixar espaço entre uma letra e outra, pois outras palavras surgirão no decorrer das lições.

## CÍRCULO DE INICIAÇÃO

Você sabia que as palavras faladas e escritas comunicam experiências e ideias?

Sabia que as palavras sagradas têm significados semelhantes em todas as línguas?

Em sua opinião, quais são as palavras sagradas mais importantes para que haja paz e amizade entre as pessoas?

Com o grupo, você pode fazer uma síntese dos significados de uma das palavras que você já pesquisou. Assim, irá formar-se o dicionário sagrado da turma.

## ENIGMA

Transliterar é escrever palavras e frases com letras de um outro alfabeto. Por exemplo: escrever palavras em português, usando letras do alfabeto grego.

Abaixo temos o alfabeto grego usado há mais de três mil anos.

Que tal transliterar uma palavra? Primeiro, escreva a palavra em português. Depois, confira os dois alfabetos e copie cada letra correspondente no alfabeto grego.

| α | β | κ | δ | ε | φ | γ | ' | ι | ι | κ | λ | μ | ν | ο | π | χ | ρ | σ | τ | υ | ξ | υ | ζ |
|---|---|---|---|---|---|---|---|---|---|---|---|---|---|---|---|---|---|---|---|---|---|---|---|
| a | b | c | d | e | f | g | h | i | j | k | l | m | n | o | p | q | r | s | t | u | x | y | z |

Obs.: A letra "h" não corresponde a uma letra em grego, mas a um sinal que parece uma aspa simples, o qual era usado no início de algumas palavras iniciadas com vogal. Seu som corresponde ao "h" do inglês, como em *he* ("ele").

As letras "v" e "w" não possuem letras correspondentes em grego.

Para reproduzir as letras gregas no computador você pode usar a fonte *symbol*.

## TRILHA DA SABEDORIA

Você pode pesquisar o significado das palavras "sagrado", "atitude" e "experiência" e incluí-las no dicionário sagrado da turma.

## MENSAGEM DA SEMANA

## CORO DAS RAÇAS

Qual é a cor do nosso Deus
E qual o sangue que ele tem?
Deus tem a cor dos filhos seus
Deus tem o sangue que eles têm

O sentimento não tem cor
E em cada um pode morar
O amor sincero é incolor
Jamais nos vai discriminar

A paz virá desta união
De sangue, raças e de cor
Quando aceitarmos nosso irmão
Conforme fez o Criador

A cor que tinge o nosso rosto
Não pode o espírito mudar
Um dia tudo será posto
Na mesma oferta e mesmo altar

José Acácio Santana. CD *Notícias de vida*. Paulinas/COMEP, 1999.

# 1.4. A casa dos seres pensantes

## OBJETIVO

Refletir acerca das capacidades de pensar, decidir, agir e amar, que caracterizam o ser humano em relação aos outros seres vivos. Compreender a responsabilidade das pessoas para com o planeta e o sonho de transformar a Terra num lugar de vida e paz para todos.

## TEXTO

O texto *A ilha de Sínesis* pode ser abordado sob vários aspectos:
- A possibilidade de agir e construir uma sociedade melhor.
- O sentido da palavra grega *sínese*, que significa "entendimento, compreensão".
- As diferenças entre o ser humano e outros seres vivos.
- A responsabilidade por todos os seres incapazes de pensar e decidir.
- O significado sagrado da palavra "entendimento": compreender a linguagem, os símbolos, os ritos e as palavras da comunicação sagrada.

## A ILHA DE SÍNESIS

No mapa do mundo feliz, a ilha de Sínesis é banhada por quatro oceanos: o Pensamento, o Palavra, o Comunicação e o Amizade.

Os habitantes de Sínesis são os únicos seres capazes de pensar e formar opinião a respeito de tudo o que existe. As ideias são expressas pela palavra, pois eles também têm o privilégio de falar e comunicar uns aos outros o próprio pensamento.

Em Sínesis, as pessoas são amigas e se reúnem para pensar e decidir juntas o que é melhor para todas. Os outros seres vivos da ilha, os animais e as plantas, também são felizes. O povo de Sínesis sabe que é responsável por esses seres que não pensam nem tomam decisões, mas têm direito de viver em paz, sem ameaças nem perigos.

A vida na ilha é de comunicação, amizade e alegria. O povo pensante conhece sua responsabilidade pelo equilíbrio e pela proteção do maravilhoso mundo de Sínesis.

> Organizar grupos e sugerir que imaginem e desenhem uma cena da vida na ilha de Sínesis.
>
> Pedir que troquem os desenhos entre si e que sejam criados relatos com base nos desenhos.
>
> Após a produção escrita dos relatos, cada grupo pode apresentar e justificar o próprio trabalho.
>
> *Resposta do enigma:* "símbolo".

## CÍRCULO DE INICIAÇÃO

No grupo, você pode criar um desenho coletivo que represente uma cena da ilha de Sínesis.

Depois, pode passar o desenho para outro grupo.

Seu grupo receberá o desenho feito por colegas e criará uma história que explique a cena desenhada.

## ENIGMA

O que é algo que representa e faz lembrar outra coisa?

R.: Concordo, com acento agudo na vogal (1) + Melhor item da festa (2)

O número entre parênteses indica o número de sílabas que você deve escrever para formar a palavra-resposta. Para descobrir as respostas, consulte o "chaveiro dos enigmas", no fim do livro.

## TRILHA DA SABEDORIA

Você pode pesquisar o significado das palavras "pensar", "decidir", "amizade" e "responsabilidade" e incluí-las no dicionário sagrado da turma.

## MENSAGEM DA SEMANA

# DECLARAÇÃO UNIVERSAL DOS DIREITOS DOS ANIMAIS

1. Todos os animais têm o mesmo direito à vida.
2. Todos os animais têm direito ao respeito, à atenção, aos cuidados e à proteção do ser humano.
3. Nenhum animal deve ser maltratado.
4. Todos os animais selvagens têm o direito de viver livres no seu habitat e de se reproduzir.
5. Todo os animais têm direito de crescer no ritmo e nas condições próprias de sua espécie.
6. O animal que o ser humano escolher para companheiro tem direito a viver conforme sua longevidade natural e não deve nunca ser abandonado.
7. Todo o animal de trabalho tem direito a limites razoáveis de duração e de intensidade de trabalho, a alimentação reparadora e a repouso.

8. Nenhum animal deve ser usado em qualquer tipo de experiência que lhe cause dor.
9. Quando o animal é criado para alimentação, ele deve de ser alimentado, alojado, transportado e morto sem ansiedade nem dor.
10. Nenhum animal deve de ser explorado em exibições ou espetáculos para divertimento do ser humano.
11. Todo ato que põe em risco a vida de um animal é um crime contra a vida.
12. Todo ato que implique a morte de grande número de animais, tais como a poluição e a destruição do meio ambiente, são considerados crimes.
13. Os animais mortos devem ser tratados com respeito e as cenas de violência contra eles no cinema e na televisão não devem ser veiculadas.
14. As organizações de proteção dos animais devem ter representação governamental e os diretos dos animais devem ser defendidos por lei.

Texto original disponível em: <http://www.apasfa.org/leis/declaracao.shtml>.

# UNIDADE 2

# O diálogo de todas as coisas

**Objetivo** Conhecer as origens e a dimensão sagrada da comunicação humana. Compreender a importância de códigos e critérios para a comunicação entre diferentes e a convivência com a diversidade.

# 2.1. Iniciados na comunicação sagrada

## OBJETIVO

Descobrir as primeiras expressões da consciência religiosa, presentes na comunicação escrita e nos sinais do sagrado na cultura.

## TEXTO

O texto *De volta ao passado* pode ser abordado sob vários aspectos:
- O pensamento é semelhante a uma máquina do tempo. Com ele, pode-se ir a qualquer lugar ou época, sem sair da própria casa. É a capacidade humana de elaborar significados para tudo.
- A capacidade de se sentir participante de aventuras, riscos e descobertas, como os personagens de desenhos e filmes.
- A remota existência de pessoas e de locais sagrados: o xamã e o recinto das pinturas.
- As crenças em espíritos protetores, em deuses ou em um deus único.
- O exercício da capacidade de pensar, refletir e elaborar conclusões sobre aquilo que se vê e se observa.

## DE VOLTA AO PASSADO

Imagine que você encontrou uma máquina do tempo e voltou à Pré-História, onde viveram nossos ancestrais.

Ao entrar em uma caverna você teve boa acolhida do clã e do xamã. As pessoas falavam uma língua primitiva, de sons parecidos com os da natureza. Você não entendeu nada, mas não teve medo, porque sentiu que estava entre seres humanos. O

xamã convidou-o para ir a um lugar sagrado, no fundo da caverna. Ninguém mais entrou no local, só você e ele.

A parede daquele lugar era recoberta de desenhos que representavam a vida do clã. Cenas de caçadas e o nascimento de um bebê foram as que mais o impressionaram. Você compreendeu que as gravuras na rocha eram formas de comunicação entre o clã e os espíritos protetores nos quais nossos ancestrais acreditaram.

Ao voltar da viagem, você desligou a máquina e refletiu. A conclusão da aventura foi: "Desde o começo da humanidade existiu a comunicação sagrada".

> Pedir aos alunos que descrevam o que conhecem, pela TV, internet, livros etc., a respeito de pinturas rupestres e da vida humana na Pré-História.
>
> Pedir que comparem com os locais sagrados atuais (igrejas, templos, mesquitas, sinagogas, centros da religião afro-brasileira, casas de reza indígenas, recintos de meditação no meio da natureza).
>
> Sugerir que recordem cenas e fatos vistos na TV ou na vida real que revelem as crenças das pessoas e a comunicação com Deus (a páscoa judaica, a peregrinação islâmica à cidade de Meca, as representações da Semana Santa e do Natal, a festa indígena de Kuarup, as oferendas a Iemanjá na beira da praia, a lavagem da escadaria da Igreja do Bonfim, em Salvador).
>
> *Resposta do enigma:* "comunicação".

## CÍRCULO DE INICIAÇÃO

Você sabia que todas as tradições religiosas, em todos os tempos, tiveram locais sagrados de comunicação com o mundo transcendente?

Em sua opinião, temos em nossa cultura locais e fatos que mostram a comunicação sagrada?

## ENIGMA

Como se chama o processo de transmissão de ideias e conhecimentos?

R: Acompanhado de (1) + Não deixei separado (2) + Espécie de peixe do mar (2)

O número entre parênteses indica o número de sílabas que você deve escrever para formar a palavra-resposta. Para descobrir as respostas, consulte o "chaveiro dos enigmas", no fim do livro.

## TRILHA DA SABEDORIA

Você pode pesquisar o significado das palavras "transcendente", "xamã" e "clã" e incluí-las no dicionário sagrado da turma.

## MENSAGEM DA SEMANA

### SABEDORIA INDIANA

Aproxima-te da aurora
Para ti nascerá o sol
Aproxima-te da noite
Para ti brilharão as estrelas

Aproxima-te do riacho
Para ti cantará o sabiá
Aproxima-te do silêncio
Encontrarás Deus

L. Vahira. *O pescador de pérolas.*
São Paulo, Paulinas, 1988. p. 10.

# 2.2. A sagrada voz da natureza

## OBJETIVO

Compreender a origem das linguagens nas capacidades humanas de pensar, refletir, concluir e comunicar. Verificar que as primeiras intuições do ser humano se referiram à existência do sagrado.

## MATERIAL

Pequenos quadrados de papel de várias cores em quantidade, lápis preto e borracha, uma folha de cartolina ou outro papel, cola e pincel para cada trio de alunos.

## TEXTO

O texto *O diálogo de todas as coisas* pode ser abordado sob vários aspectos:
- As crenças religiosas surgiram muito antes de as pessoas terem aprendido a construir casas e cidades.
- Todos os seres vivos são considerados sagrados, isto é, devem ser tratados com respeito e reverência.
- As tradições religiosas conservam a palavra sagrada oral e escrita porque ela comunica a compreensão e o sentimento das pessoas em relação ao transcendente.

## O DIÁLOGO DE TODAS AS COISAS

Na Pré-História ainda não existiam cidades nem a linguagem escrita, mas as pessoas eram inteligentes e sensíveis. Ouviam os sons da natureza, como o silvar do vento, os gritos dos animais, o ritmo da chuva nas folhas das árvores, o borbulhar do riacho, o som da onda do

mar, o cantar dos pássaros, o crepitar do fogo, e procuravam imitar. Começaram assim a organizar a linguagem.

Cada palavra era conservada como o mais precioso tesouro. E quem conhecia as palavras sagradas era considerado sábio, porque podia conversar com os espíritos da natureza e atrair proteção para o clã.

Até hoje as tradições religiosas guardam o tesouro da palavra. Algumas a conservam na forma oral e a ensinam de geração em geração. Outras a conservam nos escritos sagrados.

> Organizar os alunos em trios e distribuir um bom número de pequenos quadrados de papel e outros materiais.
>
> Pedir a cada trio que desenhe uma paisagem ou outra figura que preferir e a seguir cole sobre o desenho os papéis coloridos, usando a técnica de mosaico.
>
> Após a construção, deixar que os alunos circulem pela sala e admirem os trabalhos dos colegas.
>
> Levar a turma a constatar que todos os trabalhos foram diferentes, ainda que o material tenha sido o mesmo. Lançar as questões:
>
> - Como se explica essa diversidade?
> - Algo semelhante acontece em relação às tradições religiosas?
>
> Concluir que as palavras sagradas orais e escritas, os símbolos e os ritos das religiões também tiveram uma origem única: a experiência humana de comunicação com Deus, mas cada tradição religiosa, dentro de uma cultura, desenvolveu-se de modo diferente.

## CÍRCULO DE INICIAÇÃO

Você sabia que todas as tradições religiosas têm palavras sagradas?

Sabia também que as palavras sagradas são usadas na comunicação com Deus?

Com o grupo, você pode montar figuras com a técnica de mosaico. Assim entenderá como se formaram as tradições religiosas.

## ENIGMA

O alfabeto Morse comunica letras por meio do som. O traço significa som longo, e o ponto, som rápido. Juntando as letras, é possível decifrar a mensagem.

| | | | |
|---|---|---|---|
| A . −    | B − ... | C − . − . | D − .. |
| E . − − − | F .. − . | G − − . | H .... |
| I .. | J . − − − | K − . − | L . − .. |
| M − − | N − . | O − − − | P . − − . |
| Q − − . − | R . − . | S ... | T − |
| U .. − | V ... − | W . − − | X − .. − |
| Y − . − − | Z − − .. | CH − − − − | NH − − . − − |

Veja como se escreve "Deus" em Morse:  − ..   . − − −   .. −   ...

Você pode comparar os dois alfabetos e escrever outras palavras em Morse.

## TRILHA DA SABEDORIA

Você pode pesquisar o significado das palavras "sensível" e "comunicação" e incluí-las no dicionário sagrado da turma.

## MENSAGEM DA SEMANA

### PALAVRAS QUE NÃO PASSAM

Foi teu coração que me ensinou
Palavras que não passam
No teu coração coloquei o meu
Minha religião vem de ouvir teu coração

Foi teu coração que me ensinou
A fazer da vida uma esperança só
Sei que aprenderei, se te ouvir falar
Não me perderei, se te ouvir com atenção

Palavras que não passam
Palavras que libertam
Palavra poderosa tem teu coração
Palavra por palavra, revelas o infinito
Como é bonito ouvir teu coração

Pe. Zezinho. CD *Alpendres, varandas e lareiras*. v. 2.
Paulinas/COMEP, 1999.

# 2.3. Conversa ao redor da fogueira

## OBJETIVO

Conhecer o valor da oralidade na experiência do sagrado e na identidade cultural das pessoas e dos grupos.

## TEXTO

O texto *A herança da palavra* pode ser abordado sob vários aspectos:

- As nações indígenas conservam sua identidade há milhares de anos, em virtude da palavra que transmite, valores, costumes e crenças de uma a outra geração.
- Diferença de paradigmas da sociedade com a ética indígena no que diz respeito ao cuidado da natureza e à posse de bens materiais, pois na sociedade indígena tudo é sagrado e os bens para a sobrevivência são coletivos.
- O diálogo entre adultos e crianças é um modo de criar vínculos e identidade por meio de crenças e culturas.
- A importância do código de valores e as atitudes que cada pessoa precisa respeitar para que a convivência traga felicidade a todos.

## A HERANÇA DA PALAVRA

Nasci em uma aldeia e pertenço a uma das quase 220 nações indígenas do Brasil. Os estudiosos dizem que nossos povos vivem aqui há mais de 40 mil anos.

Na escola da aldeia, não conhecemos só a nossa cultura. Descobrimos também os costumes do povo brasileiro que vive nas cidades. Aprendemos, por exemplo, que os pais deixam heranças para os filhos, mas são diferentes das nossas: deixam terra, casas, carro, dinheiro no banco e outros bens.

Não compreendo por que os bens materiais são tidos como herança. Em minha cultura, a herança é algo que não se toca com as mãos. É como o espírito do povo que passa de pais para filhos, por meio da palavra. Nossa herança chama-se *tradição oral*. Mas não são palavras sem significado. São palavras sagradas e sábias que nos colocam em comunicação com os espíritos dos antepassados.

Os adultos reúnem as crianças ao redor da fogueira ou na casa das cerimônias religiosas. Aí, contam o que ouviram de seus pais e avós: mitos, lendas e histórias que ajudam a explicar a existência do mundo e os sinais do sagrado em tudo o que existe. Contam-nos também o segredo de cumprir bem as tarefas necessárias para sobreviver: os rituais religiosos, o código de convivência da aldeia e tudo o que faz parte da sabedoria indígena.

Por muitos anos, desde a colonização, os povos indígenas do Brasil têm sido atacados, expulsos da terra e dizimados. Manter a nossa cultura é uma de nossas formas de resistência. Se não existisse a herança da palavra que nos une aos antepassados, nenhuma aldeia indígena do Brasil teria sobrevivido até agora.

---

Sugerir aos alunos que imaginem uma reunião de pais e mães com a professora ou o professor, na escola. Que cada um se imagine como pai ou mãe de si mesmo.

Cada um pode comunicar que herança sagrada gostaria de receber dos pais. Por exemplo, Patrícia diz: "Para minha filha Patrícia, vou deixar a herança sagrada do amor e cuidado pelas pessoas idosas da família".

*Resposta do enigma:* "reunir".

## CÍRCULO DE INICIAÇÃO

Você sabia que a tradição oral é uma das formas mais antigas de comunicação? Quando ainda não existia a escrita, tudo era ensinado de pai para filho por meio de histórias, mitos, lendas, provérbios, fábulas e rimas. Assim, formou-se também a comunicação sagrada.

Imagine que você é pai ou mãe de você mesmo. Você está em uma reunião de pais e

O diálogo de todas as coisas **Unidade 2** | 37

mães, na escola. Fale aos outros pais da herança que você quer deixar para seu filho ou sua filha.

No grupo, você pode conversar:

1. Em sua família, existe tradição oral?

2. Os adultos contam fatos interessantes para as crianças?

3. Os adultos transmitem os ensinamentos que aprenderam de seus pais e avós?

4. O que é preciso fazer para despertar o interesse dos adultos pela tradição oral?

## ENIGMA

Agrupar ou promover o encontro entre as pessoas é o mesmo que...

R.: Segunda nota musical, sem o acento agudo (1) + Não dispersar (2)

O número entre parênteses indica o número de sílabas que você deve escrever para formar a palavra-resposta. Para descobrir as respostas, consulte o "chaveiro dos enigmas", no fim do livro.

## TRILHA DA SABEDORIA

Você pode pesquisar o significado da expressão "tradição oral" e incluí-la no dicionário sagrado da turma.

## MENSAGEM DA SEMANA

### ALPENDRES, VARANDAS E LAREIRAS

Alpendres, varandas e lareiras
Era ali que antigamente os pais ficavam
E os vizinhos visitavam
E as famílias conversavam
E as crianças a brincar

Era um tempo em que as famílias tinham tempo
Era ali que antigamente os pais sonhavam
E os compadres passeavam
E as mulheres tricotavam
E as crianças a brincar

Eu não sou contra o progresso
Deus sabe que eu não sou
Mas eu acho que a família se deu mal
Ao trocar suas conversas de vizinho
E de lareira
Por novelas e conversas
E a violência na TV

Pe. Zezinho. CD *Alpendres, varandas e lareiras*. v. 1.
Paulinas/COMEP, 1999.

# 2.4. O código de Filipe

## OBJETIVO

Compreender a importância de códigos que favoreçam a comunicação, a convivência e a felicidade de todos.

## MATERIAL

Uma folha grande de papel pardo, pincel atômico preto e alguns lápis de cera marrom.

## TEXTO

O texto *Comunicação especial* pode ser abordado sob vários aspectos:
- Fazer a experiência de tapar os ouvidos por algum tempo e sentir o que significa a deficiência auditiva. Fazer o mesmo com os olhos.
- Dificuldades enfrentadas por quem tem deficiência auditiva, visual e outras.
- Capacidades e talentos que as pessoas com deficiência desenvolvem.
- A importância do código de comunicação – no caso, a linguagem de sinais.

- A existência de códigos na convivência humana.
- A necessidade de regras de conduta que favoreçam a vida de todos: atitudes baseadas em valores (respeito à diferença, descoberta do positivo no outro, superação de preconceitos, solidariedade, reconhecimento).

## COMUNICAÇÃO ESPECIAL

Até pouco tempo eu considerava impossível viver sem ouvir os sons e a voz das pessoas. Um dia, porém, mudou-se para perto de minha casa um menino que se comunica de modo especial. Ele se chama Filipe e hoje é meu melhor amigo. Ele é surdo, isto é, tem deficiência auditiva.

Convivo com Filipe há alguns meses. Ele me entende, porque observa o movimento de meus lábios. E eu já decifro a maioria das palavras em libras, a língua brasileira de sinais, que ele está me ensinando. É um código de comunicação feito com as mãos. Cada posição dos dedos corresponde a uma letra do alfabeto.

Não entendo nada quando meu amigo conversa com seus colegas surdos. Eles se comunicam rapidamente e eu não consigo identificar as letras e juntá-las para formar a palavra, mas, com a prática, vou conseguir.

Desde que conheci Filipe, entendi que a comunicação de uma pessoa que não ouve requer inteligência, habilidade e concentração. E isso ele tem de sobra.

> Organizar grupos que conversem a respeito do dia a dia da sala de aula e criem um código de convivência para a turma. Em primeiro lugar, escrever, em forma de código, o que já existe de positivo. Por exemplo: "Todo aluno tem direito a expressar sua opinião". Depois, completar o código com atitudes que precisam ser mais cultivadas na sala de aula, como: "Todo aluno tem direito a ser respeitado e aceito tal qual é".
>
> Após a formação das versões do código pelos diversos grupos, reunir a turma e anotar no quadro os itens que se repetem e os que são originais no trabalho de cada grupo.
>
> Escrever a versão definitiva do código em papel pardo, colorir em mutirão e fazer dobras ou pequenos rasgos nas bordas para dar aparência de pergaminho antigo. Expor em destaque na sala.

### CÍRCULO DE INICIAÇÃO

Você sabia que todos os grupos humanos têm códigos de comunicação?

E que há também códigos de convivência?

Um exemplo é a Declaração Universal dos Direitos da Criança.

A convivência feliz é resultado do respeito às diferenças de cada pessoa.

Em sua opinião, existe um código de convivência na classe do quarto ano?

No grupo, procure conversar a esse respeito e escrever, em forma de código, tudo o que acontece ou deveria acontecer de bom na sala de aula.

## ENIGMA

Aqui está representado o código da linguagem brasileira de sinais, a libras. Com as mãos, você pode fazer os sinais e conversar com quem conhece o código.

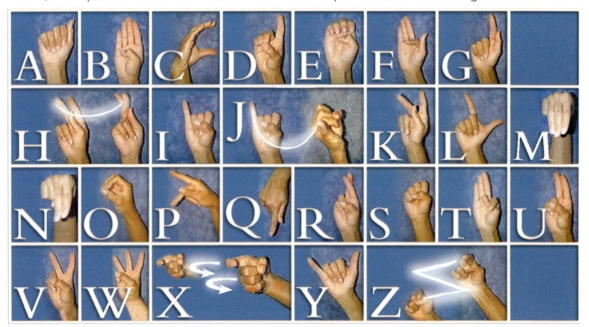

## TRILHA DA SABEDORIA

Você pode pesquisar o significado da palavra "código" e incluí-la no dicionário sagrado da turma.

## MENSAGEM DA SEMANA

### DECLARAÇÃO UNIVERSAL DOS DIREITOS DA CRIANÇA

1. A criança tem direito à igualdade, sem distinção de raça, religião ou nacionalidade.
2. A criança tem direito à especial proteção para o seu desenvolvimento físico, mental e social.

3. A criança tem direito a um nome e a uma nacionalidade.
4. A criança tem direito à alimentação, moradia e assistência médica adequadas, para si e para a sua mãe.
5. A criança com deficiência física ou mental tem direito à educação e a cuidados especiais.
6. A criança tem direito ao amor e à compreensão por parte dos pais e da sociedade.
7. A criança tem direito à educação gratuita e ao lazer.
8. A criança tem direito a ser socorrida em primeiro lugar em qualquer circunstância.
9. A criança tem direito a ser protegida contra o abandono e a exploração no trabalho.
10. A criança tem direito a crescer dentro de um espírito de solidariedade, compreensão, amizade e justiça entre os povos.

Declaração aprovada pela ONU, em 20/11/1959.

# UNIDADE 3

# O caminho dos textos sagrados

**Objetivo** Compreender a origem e a importância dos textos sagrados das tradições religiosas, como depositários de significados para a vida.

# 3.1. A floresta de pedra

## OBJETIVO

Conhecer a primeira utilidade que teve a escrita: comunicar a ideia e a experiência do sagrado.

## MATERIAL

Escrever no quadro, numa linha horizontal, as palavras que os hieróglifos do livro representam: água, peixe, jardim, pássaro, boi, poço, dia, mão. Deixar um espaço entre as palavras.

## TEXTO

O texto *Viajando no tempo* pode ser abordado sob vários aspectos:
- Viajar na internet ou em livros e filmes é adquirir conhecimentos do presente e do passado.
- Os fatos que aconteceram milênios ou séculos antes de nosso tempo formam a história. Quanto mais conhecemos a história, mais compreendemos o mundo atual.
- A experiência do sagrado permaneceu durante a evolução da sociedade: quando as cidades foram construídas, os templos reproduziram o ambiente da floresta, onde os seres humanos experimentaram o sagrado pela primeira vez.
- A sabedoria das pessoas idosas pode ser uma fonte de conhecimento, mas é necessário que as crianças tenham a iniciativa de perguntar o que desejam saber.
- A função primordial da escrita: comunicação com o mundo transcendente.

## VIAJANDO NO TEMPO

Júlia e Pedro conectaram-se à internet. Os dois são internautas experientes e resolveram fazer a mais fascinante viagem virtual de suas vidas.

Acessaram um site interativo e foram ao Egito antigo. Passaram por um portal, e uma imponente cidade do passado ocupou a tela do computador. Ao entrar em um templo, os dois irmãos tiveram a sensação de estar em uma floresta escura. As grandes colunas de pedra eram semelhantes a imensos troncos de árvore. Mas, o que parecia ser a casca rugosa de uma árvore eram sinais de escrita talhados na pedra: uma combinação de figuras e de símbolos.

Os internautas observavam atentos aqueles hieróglifos, quando um sacerdote do templo se aproximou.

– O que significam esses sinais, caro ancião? – perguntou Júlia, um pouco temerosa pela solenidade do lugar.

– É a escrita dos deuses, minha filha – respondeu o sacerdote egípcio.

– E o que comunicam? – perguntou Pedro, admirado de estar entendendo a linguagem de uma personagem tão distante dele no tempo.

– A mensagem dos deuses sobre a sabedoria da vida e o mistério que existe após a morte – concluiu o sacerdote, em uma atitude de reverência.

Depois o ancião retirou-se, no mesmo silêncio em que chegou. As crianças entreolharam-se e se entenderam sem nada dizer. Desconectaram-se do site, desligaram o computador, voltaram ao século XXI e foram brincar no quintal, mas por estranho que fosse nenhum dos dois sentiu vontade de falar. Preferiram andar de bicicleta em silêncio, enquanto ainda ouviam no imaginário do coração a voz sagrada de um sacerdote egípcio que viveu há mais de três mil anos.

Propor um jogo à turma:

- Pedir aos alunos que observem por algum tempo e tentem memorizar as figuras do alfabeto mesopotâmico do livro.
- Organizar a turma em dois grupos, que ficarão em pé, afastados um do outro.
- Dar nomes aos grupos e fazer um placar no quadro, para marcar pontos. Definir o tempo que cada grupo terá para a resposta e escolher alguém que marque o tempo.

- Tirar a sorte para o começo do jogo. O grupo sorteado escolherá uma das palavras do quadro e a gritará. O outro terá o tempo que foi determinado para conversar e lembrar qual a figura que representa aquela palavra.

- Alguém correrá ao quadro e a desenhará sob a palavra. Se o tempo acabar antes, o grupo perde o ponto. Caso o grupo não lembre a figura, o outro pode desenhá-la e assim ganhará o ponto.

- Alternam-se os grupos perguntando e desenhando, até terminarem o reconhecimento das palavras.

- Depois de todas as figuras desenhadas, todos voltarão a seus lugares para conferir os desenhos do quadro com os do livro.

- Descontam-se pontos do grupo que fez desenhos errados.

## CÍRCULO DE INICIAÇÃO

Você sabia que a escrita surgiu quando as pessoas deixaram de desenhar o que viam e passaram a usar sinais simbólicos para as palavras?

Sabia que os povos antigos tinham a escrita como linguagem de deuses?

## ENIGMA

Veja estes símbolos utilizados há mais de cinco mil anos pelos povos da Mesopotâmia.

Que tal criar um dicionário da vida moderna? Invente novos símbolos para objetos que não existiam na Mesopotâmia e desafie os amigos a decifrarem.

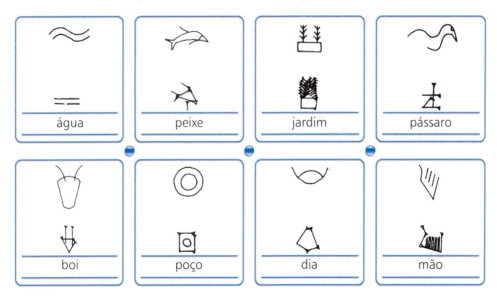

## TRILHA DA SABEDORIA

Você pode pesquisar o significado das palavras "templo", "sacerdote", "reverência" e "hieróglifo" e incluí-las no dicionário sagrado da turma.

## MENSAGEM DA SEMANA

### IGUAIS

Tenho irmãos, tenho irmãs aos milhões
Em outras tradições religiosas

Pensamos diferente, oramos diferente
Louvamos diferente, mas numa coisa nós somos iguais
Buscamos o mesmo Deus, amamos o mesmo Pai
Queremos o mesmo céu, choramos os mesmos ais

Falamos diferente, cantamos diferente
Pregamos diferente, mas numa coisa nós somos iguais
Buscamos o mesmo amor, queremos a mesma luz
Sofremos a mesma dor, levamos a mesma cruz

Um dia talvez quem sabe, um dia talvez quem sabe
Um dia talvez quem sabe descobriremos
Que somos iguais
Irmão vai ouvir irmão e todos se abraçarão
Nos braços do mesmo Deus
Nos ombros do mesmo Pai

Pe. Zezinho. CD *Aprendiz*.
Paulinas/COMEP, 1998.

O caminho dos textos sagrados **Unidade 3** | 49

# 3.2. A grande biblioteca

### OBJETIVO

Perceber a variedade da escrita sagrada e sua influência na evolução das culturas dos povos.

### TEXTO

O texto *À procura de textos sagrados* pode ser abordado sob vários aspectos:
- Ter amizade, trocar ideias, fazer descobertas junto com amigos.
- A comunicação sagrada é uma característica de todos os povos, línguas e culturas do mundo.

## À PROCURA DE TEXTOS SAGRADOS

Vitória foi passar o fim de semana na casa de sua melhor amiga, Gisele.

Gisele mostrou a Vitória seus livros do quarto ano, pois as duas estudam em escolas diferentes. Os livros despertaram a seguinte conversa:

– Vi, você sabia que no mundo existem muitos alfabetos diferentes do nosso?

– Claro, Gi! Na aula de Ensino Religioso eu aprendi que a maioria dos escritos antigos era relacionada à crença em Deus. Por isso são escritos sagrados.

– Então, as pessoas comunicavam por escrito a ideia que tinham de Deus?

– Isso mesmo. E os livros sagrados das tradições religiosas existem até hoje.

– Que legal, né, Vi?! Vamos pesquisar na internet e descobrir mais?

– Grande ideia!

Vitória e Gisele conectaram-se à internet e acharam alfabetos de vários países. Copiaram a palavra "Deus" em diversas línguas e distribuíram aos colegas de turma, cada uma em sua respectiva escola. Foi uma tremenda descoberta!

---

Deixar que os alunos falem a respeito do que conhecem sobre textos sagrados escritos e orais, seja por meio da TV ou de livros, internet e outros.

Sugerir que relatem um fato descrito num livro sagrado conhecido.

*Resposta do enigma*: ALLÁHU = árabe; ELOHÍM = hebraico; THEÓS = grego; KAMI-SAMÁ = japonês; BOH = ucraniano (pronúncia gutural).

---

## CÍRCULO DE INICIAÇÃO

Você já viu algum texto sagrado em revistas, na internet ou em enciclopédias?

Sabia que muitas pessoas passam a vida inteira estudando os livros sagrados de suas tradições religiosas?

Você conhece alguma história que esteja escrita em um livro sagrado?

## ENIGMA

A palavra "Deus" se escreve de numerosas formas, em muitos alfabetos diferentes. Descubra em quais línguas ela está escrita em cada quadro.

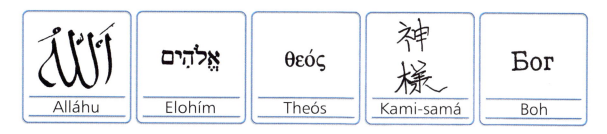

O caminho dos textos sagrados **Unidade 3** | 51

## TRILHA DA SABEDORIA

Você pode pesquisar o significado das palavras "civilização", "crença" e "livros sagrados" e incluí-las no dicionário sagrado da turma.

## MENSAGEM DA SEMANA

### SE A GENTE CRÊ

Se a gente crê que além do horizonte
Há muito mais que o que se viu até aqui
Se a gente crê que uma pequena fonte
Tem muito mais, tem muito mais dentro de si
Se a gente pode acreditar que existe mais
A gente pode acreditar em ti

Se a gente crê que um universo incrível
Esconde mais que o que se pode imaginar
Se a gente crê na estrela invisível
E crê que os astros têm histórias pra contar
Se posso crer naquela estrela que eu nem vi
Eu também posso acreditar em ti

Se a gente aceita tantas teorias
Suposições de quem procura explicação
Se a gente aceita mil filosofias
E corre atrás da mais recente solução
Se posso crer na honestidade dos ateus
Eu também posso acreditar em Deus

Pe. Zezinho. CD *Canções para quem não reza*.
Paulinas/COMEP, 1998.

# 3.3. O caminho dos sábios

## OBJETIVO

Compreender que as pessoas procuram nos ensinamentos sagrados os significados para a vida.

## TEXTO

O texto *O portal de passagem* pode ser abordado sob vários aspectos:
- Muitas famílias brasileiras que descendem dos imigrantes japoneses estão voltando para o Japão, em busca de melhores condições de vida, mas também das raízes culturais e religiosas.
- A distância não impede a amizade. O planeta Terra é a casa de todos. A cultura da comunicação permite compartilhar sentimentos com quem está longe. Da mesma forma, a comunicação sagrada conserva atitudes de amor e solidariedade entre as pessoas.
- A importância de perguntar a pessoas mais experientes, quando se quer conhecer melhor a cultura e os costumes de uma região ou até da própria família.
- O diálogo entre as tradições religiosas com base nas semelhanças entre elas.

### O PORTAL DE PASSAGEM

Meu amigo Roberto Yamada saiu da escola. Foi com os pais para o Japão. É o país de onde vieram seus bisavós.

No Japão, Roberto entrou em outra escola e está se adaptando aos novos amigos, à professora e à língua, que é tão diferente da nossa. Ele me conta, pela internet, as coisas interessantes que acontecem lá.

Em um dia festivo da religião Xintoísta, a turma de Roberto fez uma visita cultural a um templo da cidade. A professora dele explicou que a palavra *xinto*, em japonês, significa "o caminho".

Eu respondi à mensagem de meu amigo e perguntei o que é esse caminho. Roberto ainda não estava muito seguro da resposta e me pediu um tempo para pesquisar. Conversou com pessoas xintoístas e descobriu o significado: o caminho é o ensinamento para uma vida sábia, de amor, justiça, paz, solidariedade, paciência, bondade, reverência e oração.

Levar a turma para uma visita, previamente combinada, a um local de culto de uma tradição religiosa.

Deixar que os estudantes façam perguntas para a pessoa que lá os receber.

*Resposta do enigma*: "caminhar".

## CÍRCULO DE INICIAÇÃO

Que tal fazer um passeio cultural com a turma até um lugar sagrado?

Você sabia que as tradições religiosas são como caminhos que conduzem as pessoas para a meta na qual elas acreditam?

Pesquise acerca da religião de sua família e descubra se ela também pode ser comparada a um caminho que leva a uma meta.

## ENIGMA

Percorrer uma distância para se chegar a algum lugar, seguir uma orientação, é o mesmo que...

R.: Escrivão da armada de Cabral, sem o último a (3) + Combustível do pulmão (1)

O número entre parênteses indica o número de sílabas que você deve escrever para formar a palavra-resposta. Para descobrir as respostas, consulte o "chaveiro dos enigmas", no fim do livro.

54 | **Somos capazes de comunicar** Livro do professor

## TRILHA DA SABEDORIA

Você pode pesquisar o significado das palavras "caminho" e "Xintoísmo" para incluí-las no dicionário sagrado da turma.

## MENSAGEM DA SEMANA

### NOS CAMPOS DO MUNDO

Não somos feitos para ficar
E sim para partir e caminhar

Que a nova aurora em seu nascente
De luz e de esplendor
Não nos encontre no poente
Do dia anterior

Não fomos feitos para ficar
E sim para partir e caminhar

Nada segure os passos
Dos que foram chamados para andar
Nada amarre as asas
Dos que foram chamados a voar

Somos sementes do amor mais profundo
Existe em todos nós o sonho libertador
Deus nos espalha nos campos do mundo
Pra sermos um sinal de seu poder criador

Em cada gesto que a gente faz
A história vai ficando para trás
E como o pássaro não torna
Ao ninho onde nasceu
Também a gente não retorna
Ao tempo que viveu
Em cada gesto que a gente faz
A história vai ficando para trás

José Acácio Santana. *Gaivota, o voo da vida.*
Paulinas/COMEP, 1999.

# 3.4. A escola dominical

## OBJETIVO

Compreender a atualidade dos textos sagrados e a prática das tradições religiosas de ensiná-los às crianças.

## TEXTO

O texto *A corrida de Raquel* pode ser abordado sob vários aspectos:
- As tradições religiosas iniciam as crianças e os adolescentes no conhecimento das tradições sagradas, sejam elas escritas ou orais.
- A possibilidade de conhecer o conteúdo dos textos sagrados por meio de atividades interessantes, como canções, jogos, gravuras, filmes, livros ilustrados, teatros, fantoches etc.
- A solidariedade das crianças com alguém que tem uma deficiência física.
- Aspectos surpreendentes da vida de uma pessoa que, impossibilitada de fazer algumas atividades, pode desenvolver outras.
- A alegria de se reunir para conhecer melhor a própria religião.
- O significado espiritual da vida, semelhante a um caminho no qual as pessoas podem se ajudar mutuamente.

### A CORRIDA DE RAQUEL

A escola dominical de minha igreja estava em festa. A dirigente ensaiou uma bela canção bíblica, para receber os alunos novos que chegavam naquele começo de ano.

A canção se dirigia a Deus com palavras do Salmo 119: "Percorro o caminho de teus mandamentos, pois libertaste meu coração".

Enquanto cantávamos, entrou Raquel, na cadeira de rodas, acompanhada pelo seu irmão Elias.

Vi as pernas de Raquel atrofiadas e sem forças. Pernas que não caminham. Tive vontade de chorar, mas fiquei firme, para não desafinar o coral.

Depois do canto e dos abraços de boas-vindas, começamos a nos apresentar. Quando a dirigente deu a palavra a Raquel, todos ficaram na expectativa. Depois que ela se apresentou, alguém fez uma pergunta:

— Raquel, você não sente vontade de andar e correr, como todos nós?

— Sinto – respondeu ela –, e nessas horas corro com o pensamento e o coração. Vou até o fim da Terra. Vejo todas as pessoas que vivem no mundo. Oro por elas e digo a Deus que elas precisam do cuidado e da proteção dele.

— Então você conversa muito com Deus? Por isso você se sente feliz, mesmo sem poder andar nem correr?

— Sim. Caminho e corro com o coração. Ele não está preso à cadeira de rodas.

Quando Raquel acabou de falar, vi muitas crianças com lágrimas nos olhos, como eu. Entendi o que quer dizer: "Percorro o caminho de teus mandamentos, pois libertaste meu coração".

---

Usar o pátio ou fazer espaço na sala e propor uma corrida com obstáculos:

1. Desenhar a pista no chão.

   - *Primeiro obstáculo*: uma pessoa em pé. O atleta deve contorná-la sem sair da pista.
   - *Segundo obstáculo*: uma pessoa deitada no meio da pista. O atleta deve saltar sobre ela, sem mudar o ritmo da corrida.
   - *Terceiro obstáculo*: duas pessoas de frente, com as mãos unidas, formando uma porta. O atleta deve abaixar-se e passar por dentro, sem tocar em ninguém.

2. Após todos terem feito o percurso, reunir a turma e deixar que expressem:

   - O que senti ao me deparar com pessoas que dificultaram a corrida.
   - O que senti ao dificultar o caminho de quem queria correr.
   - Quais os obstáculos que encontro em minha vida (falta de apoio, de compreensão, de diálogo dos familiares).
   - Que obstáculos eu evito colocar na vida de meus colegas (brigas, mentira, críticas, exclusão).

3. Concluir o diálogo enfatizando o ensinamento das tradições religiosas a respeito do caminho da vida: paz, compreensão, ajuda, sinceridade, amizade, reconciliação.

*Resposta do enigma*: "coração".

## CÍRCULO DE INICIAÇÃO

Com a turma, você pode participar da corrida com obstáculos.
Depois, com o grupo, pode expor sua opinião a respeito:
- dos obstáculos que você encontra em seu caminho;
- dos obstáculos que você evita colocar no caminho de seus amigos ou suas amigas;
- o que significa "correr com o coração".

## ENIGMA

Qual é o órgão do corpo humano que guarda as emoções e o afeto?

R.: Presente no preto e na luz (1) + Comando do diretor para começar a filmagem de uma cena (2)

O número entre parênteses indica o número de sílabas que você deve escrever para formar a palavra-resposta. Para descobrir as respostas, consulte o "chaveiro dos enigmas", no fim do livro.

## TRILHA DA SABEDORIA

Você pode pesquisar o significado das palavras "libertar", "escola dominical", "salmo", "mandamento", "decretos" e "vereda" e incluí-las no dicionário sagrado da turma.

## MENSAGEM DA SEMANA

### PRECE DO POVO JUDEU

Percorro o caminho de teus mandamentos
Pois libertaste meu coração

Ensina-me, ó Senhor, o caminho de teus decretos
Então os guardarei até o fim

Dá-me entendimento e guardarei a tua Lei
E observá-la-ei de todo o meu coração

Faze-me andar na vereda de teus mandamentos
Pois neles encontro prazer

Inclina meu coração a teus estatutos
E não à cobiça

Desvia meus olhos de contemplarem a vaidade
Preserva minha vida segundo a tua Palavra

Salmo 119,32-37. *Bíblia Sagrada*. Edição contemporânea Almeida. 8. ed. São Paulo: Vida, 2001.

# UNIDADE 4

# A procura da comunicação sagrada

**Objetivo** Compreender as tradições religiosas como motivadoras de decisões, de atitudes e de ritos significativos na vida.

# 4.1. Saudação ao Sol

## OBJETIVO

Refletir acerca dos gestos sagrados. Conhecer uma das características do Hinduísmo: a concentração e a reverência à natureza como sinal da presença de Deus.

## MATERIAL

Aparelho de som e música suave.

## TEXTO

O texto *Uma escola na Índia* pode ser abordado sob vários aspectos:
- As diferenças que existem entre as culturas dos diversos países.
- A importância que os Vedas dão à não violência.
- A vida como caminho aberto, como possibilidade de viver com alegria e paz.
- O simbolismo dos elementos da natureza (em diversas crenças, o Sol simboliza o Criador, a água simboliza a vida, a névoa ou a nuvem lembram o mistério).

# UMA ESCOLA NA ÍNDIA

Minha escola é municipal. Somos 35 estudantes no 4º ano B. A professora e nós desenvolvemos um projeto genial na aula de Ensino Religioso. Conseguimos endereços e mandamos mensagens por internet para crianças de nossa idade que estudam em escolas de outros países.

A professora de inglês ajudou na tradução do texto da carta para uma escola da Índia e a turma de lá respondeu imediatamente. Entre vários relatos interessantes, as crianças indianas nos explicaram um ritual religioso que praticam na escola todas as manhãs. É o *Surya namaskar*. Esta é a língua sânscrita, dos escritos sagrados indianos, e quer dizer "Saudação ao Sol".

A prece matinal indiana despertou nosso interesse de pesquisar a respeito do Hinduísmo. Descobrimos que a palavra *hindu* quer dizer "distante da violência". A maioria dos hindus segue o ensinamento dos *Vedas*, os mais antigos textos sagrados escritos da humanidade. Eles ensinam que a vida é um caminho de compaixão e respeito por todos os seres vivos.

O Sol é um dos principais símbolos do Criador na religião da Índia; por isso, a saudação ao Sol é, na verdade, dirigida ao deus Brahma.

Nossos amigos nos ensinaram saudações em sânscrito, acompanhadas de gestos.

1. *Om mitraya namah* – Oh, amigo de todos!
2. *Om mareechaye namah* – Oh, senhor da manhã!
3. *Om svitre namah* – Oh, mãe benevolente!
4. *Om bhaskaraya namah* – Oh, iluminador!

Tocar uma música suave e pedir aos alunos que façam um minuto de silêncio e concentração.

Sugerir que sejam feitos os gestos de reverência e repetidas as saudações da prece indiana (evitar que o exercício seja visto como brincadeira).

Finalizado o exercício, pedir aos alunos que expressem:

- O que sentiram, ao fazer silêncio e repetir as saudações em sânscrito.
- Os gestos de reverência a Deus nas tradições religiosas por eles conhecidas.
- O significado dos gestos.

Concluir enfatizando a capacidade humana de comunicação sagrada, não só por meio da palavra ou do pensamento, mas de todo o ser.

*Resposta do enigma*: "oração".

## CÍRCULO DE INICIAÇÃO

Você sabia que em todas as tradições religiosas as pessoas procuram se comunicar com Deus por meio da concentração e dos gestos?

Na religião de sua família existem gestos que acompanham as orações?

Em sua opinião, o que eles significam?

## ENIGMA

Como se chama o diálogo com Deus?

R.: 15ª letra do alfabeto (1) + Comida que se dá a animais (2)

O número entre parênteses indica o número de sílabas que você deve escrever para formar a palavra-resposta. Para descobrir as respostas, consulte o "chaveiro dos enigmas", no fim do livro.

## TRILHA DA SABEDORIA

Você pode pesquisar o significado das palavras "benevolente", "iluminador", "prece" e "compaixão", e incluí-las no dicionário sagrado da turma.

# MENSAGEM DA SEMANA

## AO ROMPER DO DIA

Ao romper do dia, ó Senhor da vida,
Me apresentarei a ti
Juntando as mãos, ó Deus da Terra,
Me apresentarei a ti

Na imensidão do céu
Na intimidade do silêncio
Na simplicidade do coração
Com lágrimas nos olhos
Me apresentarei a ti

Na vastidão do universo
No mar imenso do trabalho
Perdido na multidão
Me apresentarei a ti

Na minha vida
Ao término de meus dias
Ó Senhor dos Senhores
Em silêncio
Me apresentarei a ti

Rabindranath Tagore, poeta indiano (1861-1941).

# 4.2. O encontro na praia

## OBJETIVO

Compreender a importância do diálogo na família. Conhecer características da religião judaica.

## MATERIAL

O necessário para escrever, ilustrar e colorir histórias e compor um livro.

## TEXTO

O texto *Minha mãe vai acender as velas* pode ser abordado sob vários aspectos:
- Não sentir vergonha de falar aos amigos acerca da religião da família.
- O que adultos e crianças podem fazer juntos nos dias de descanso familiar.
- Importância da convivência com pessoas adultas que inspiram confiança e segurança, para que as crianças compreendam de que forma os adultos se relacionam com o transcendente.

# MINHA MÃE VAI ACENDER AS VELAS

Nas férias deste ano, conheci meu amigo Samuel. Foi numa sexta-feira à tarde. Eu estava jogando futebol na praia com outros amigos, quando ele chegou. Convidamos Samuel a participar. Ele entrou no campo e deu um "olé" com a bola.

De repente, Samuel olhou para o sol que desaparecia, disse que precisava ir e saiu correndo. Nós o chamamos de volta, mas ele se virou e gritou: "Preciso me preparar. Minha mãe vai acender as velas".

No sábado voltamos a jogar, mas Samuel não apareceu. Só no domingo ele voltou, alegre e bem-humorado, querendo entrar no time. Mas nós estávamos cansados de jogar e nos sentamos na areia. Ele entrou na roda e iniciou a conversa:

– Ei, não vão jogar mais?

– Estamos descansando para recomeçar. Mas você não vai abandonar a partida pela metade, como na sexta-feira, não é?

– Desculpem, não tive tempo de explicar. Olhei para o sol e vi que estava atrasado para tomar banho e preparar-me para a ceia do *shabat*.

– O que é o *shabat*?

– É a festa semanal das famílias judaicas. Oramos na sinagoga, fazemos refeições festivas, os adultos da família abençoam as crianças, brincam, cantam e contam histórias. É o dia de repouso, alegria e estudo da *Torá*, o livro sagrado do Judaísmo.

– Então é este o significado da palavra sábado ou *shabat*?

– Sim. É o repouso e a gratidão pela bondade de Deus e pelo amor da família.

– Mas aquele dia era sexta-feira!

– Na religião judaica, depois do pôr do sol começa o dia seguinte. Assim pensavam nossos antepassados, e nós, para honrá-los, conservamos essa tradição sagrada.

– E por que sua mãe acende velas?

– Ela acende duas velas na mesa de jantar: uma para mim e outra para minha irmãzinha. É um símbolo usado pelas mães judias. Assim, elas apresentam os filhos a Deus e rezam por eles. Pedem que por toda a vida possam continuar celebrando o *shabat*.

Quando Samuel acabou, outros garotos falaram dos costumes religiosos de suas famílias. Foi um papo tão legal que até nos esquecemos de jogar o segundo tempo da partida. Mas na segunda-feira recomeçamos. Afinal, todos nós estávamos de férias.

Organizar os alunos em grupos e pedir que conversem a respeito de costumes e festas religiosas que acontecem nas famílias.

Sugerir que cada grupo descreva uma cena religiosa familiar (orações, festas).

Trocar as histórias entre os grupos, para que um ilustre a história do outro.

Montar um livro de histórias religiosas familiares.

*Resposta do enigma*: "repouso".

## CÍRCULO DE INICIAÇÃO

Você sabia que muitas famílias fazem festas de sua própria religião?

Em sua casa já foi feita alguma festa religiosa?

No grupo, você pode contar algum costume religioso de sua família. Caso não se lembre de nada, pode ouvir relatos de colegas.

## ENIGMA

Qual o antônimo de trabalho?

R.: Segunda nota musical, sem o acento agudo (1) + Fim de uma viagem aérea (2)

O número entre parênteses indica o número de sílabas que você deve escrever para formar a palavra-resposta. Para descobrir as respostas, consulte o "chaveiro dos enigmas", no fim do livro.

## TRILHA DA SABEDORIA

Você pode pesquisar o significado das palavras "shabat", "sinagoga", "Torá", "Judaísmo" e "abençoar" para incluí-las no dicionário sagrado da turma.

## MENSAGEM DA SEMANA

### BÊNÇÃO DO SHABAT

Ó Deus nosso e de nossos pais
Aceita nosso repouso
Santifica-nos com teus sábios preceitos
Desperta nosso interesse pela Torá
Cumula-nos de felicidade
Alegra-nos com tua salvação
E purifica nosso coração
Para te servir com sinceridade
Com teu amor, ó Deus,
Faze com que gozemos
O teu santo shabat
E que todo o teu povo
dele desfrute em paz

Bendito sejas, ó Eterno,
Que santificas o shabat

Trecho de uma oração rezada todos os sábados, nas sinagogas.

# 4.3. A voz de Deus no coração

## OBJETIVO

Constatar a presença, no Brasil, de tradições religiosas vindas de várias regiões do mundo. Perceber que as tradições religiosas representam a procura do sagrado, cada uma em sua cultura. Conhecer uma característica do Islamismo: o amor a Deus em todos os atos da vida cotidiana.

## MATERIAL

Revistas em quadrinhos para recortar (*Mônica*, *Pato Donald* e/ou outras. Pode ser apenas uma de cada título). Cola, tesouras, uma folha de cartolina ou outro papel para cada grupo, material de escrita.

## TEXTO

O texto *A pesquisa* pode ser abordado sob vários aspectos:
- O povo brasileiro é formado por diversas etnias.
- Etnias e tradições religiosas conhecidas pessoalmente ou por meio da comunicação.
- Locais sagrados que existem no bairro ou na cidade.

## A PESQUISA

As maiores cidades do Brasil são semelhantes a minimundos. Na maioria delas, habitam pessoas vindas de muitas nações e com diferentes tradições religiosas.

Minha prima Eliana vive em uma cidade grande. A aula de Ensino Religioso na escola dela é superlegal. A turma visita templos, igrejas e centros de várias tradições religiosas. Um dia ela me telefonou para contar que havia visitado uma mesquita.

Falei na sala de aula a respeito do que minha prima me contara. A professora e nós chegamos a uma conclusão: nossa cidade é pequena e não tem essa diversidade de locais sagrados para se visitar. Então, resolvemos pesquisar em livros e na internet. E assim fizemos.

Organizamos grupos e pesquisamos. Meu grupo ficou com o Islamismo. Vimos fotografias de belas mesquitas onde os muçulmanos rezam em comunidade. Descobrimos também ensinamentos do *Corão*, o livro sagrado do Islamismo, e que a palavra *Islã* significa "submissão", isto é, realizar com amor aquilo que Deus pede a cada pessoa.

O *Corão* dá muitos nomes carinhosos a Deus. Entre eles, o que mais apreciei foi *Alwadudu*. Significa o Amoroso, o Afetuoso. É assim que eu imagino Deus.

---

Organizar os alunos em grupos e distribuir folhas de cada uma das revistas em quadrinho.

Sugerir que os personagens das revistas sejam recortados e colados na cartolina, de modo que surja uma nova história, na qual apareçam personagens que nunca antes estiveram juntos (Por ex.: Mônica e Cebolinha com o Pato Donald e outros).

Deixar que os grupos exponham as histórias no mural para serem lidas por todos.

Por fim, dialogar com a turma:

- O que significa fazer uma história única com personagens que sempre estiveram cada um em sua respectiva revista?
- O que as tradições religiosas podem fazer juntas, para que o Brasil se torne um país no qual todos sejam respeitados e valorizados em suas diferenças religiosas?

## CÍRCULO DE INICIAÇÃO

Você sabia que no Brasil vivem pessoas de quase todas as nações do mundo? E que essas pessoas trouxeram diferentes tradições religiosas?

No grupo, você pode conversar a respeito das pessoas de outras nações, de imigrantes que você conhece pessoalmente ou por meio da TV, de revistas ou de livros.

## ENIGMA

A quem se referem os títulos islâmicos?

R.: Despedida sentimental (2)

O número entre parênteses indica o número de sílabas que você deve escrever para formar a palavra-resposta. Para descobrir as respostas, consulte o "chaveiro dos enigmas", no fim do livro.

## TRILHA DA SABEDORIA

Você pode pesquisar o significado das palavras "tradição religiosa", "místicos", "Islamismo", "concentração", "Corão" ou "Alcorão", "compassivo" e "guia" e incluí-las no dicionário sagrado da turma.

## MENSAGEM DA SEMANA

### CORAÇÃO SERENO

Dá-me um coração sereno, dá-me um coração amigo
Grande, mas também pequeno, dá-me um coração irmão
Dá-me um coração sensato, dá-me um coração inquieto
Dá-me um coração fiel, dá-me um novo coração

Quero tanto aprender junto ao teu coração
Quero amar e conhecer, conhecer teu coração
Dá-me um coração humilde, dá-me um coração aberto
Dá-me um coração bonito, dá-me um coração capaz

Dá-me um coração sincero
Meigo, mas também sem medo
Dá-me um coração feliz
Dá-me um coração em paz

Pe. Zezinho. CD *Canções para quem não reza*.
Paulinas/COMEP, 1998.

# 4.4. A trilha para Jerusalém

## OBJETIVO

Perceber elementos dos textos sagrados interagindo com situações atuais. Conhecer algumas características do Cristianismo.

## MATERIAL

Um botão ou semente para cada jogador. Caixinha com números de 1 a 5. O itinerário da trilha, que está desenhado no livro do aluno.

## TEXTO

O texto *Deus, o garoto e os livros sagrados* pode ser abordado sob vários aspectos:
- A dimensão familiar da religião judaica.
- A peregrinação aos lugares sagrados.
- Os mestres e sábios se dedicam a estudar e ensinar as tradições sagradas.
- O direito das crianças de conversar com os adultos.
- A capacidade das crianças de dizer coisas que até comovem os adultos.

## DEUS, O GAROTO E OS LIVROS SAGRADOS

Conta um texto bíblico que, quando era garoto, Jesus Cristo morava na cidade de Nazaré, na Palestina. Todos os anos, ia com os pais até a cidade de Jerusalém para a festa judaica da Páscoa.

Certa vez, Jesus ficou no Templo de Jerusalém conversando com os mestres e sábios a respeito de Deus e dos escritos sagrados da religião judaica. Os pais dele pensaram que estivesse perdido na multidão e o procuraram por três dias. Ao encontrá-lo ficaram admirados, pois viram que os mestres estavam ouvindo com atenção o que o menino dizia.

Jesus, depois de adulto, tornou-se também um mestre e ensinava às pessoas o caminho para Deus. Mas nem todos concordaram com seu jeito de ensinar. Por isso, ele foi acusado, condenado e morto em Jerusalém.

Nos livros sagrados do Cristianismo, os Evangelhos, está escrito que Jesus voltou a viver após a morte, isto é, ressuscitou. Os discípulos e as discípulas dele, então, formaram as primeiras comunidades cristãs, que no começo se chamavam "O caminho".

Em plenário, deixar que os alunos contem fatos nos quais foram motivo de admiração para os adultos.

Concluir enfatizando o objetivo do Ensino Religioso: ajudar as pessoas não só a conhecer as tradições religiosas e seus ensinamentos, como também a contribuir para tornar o mundo melhor para todos.

Organizar grupos para que se divirtam com o jogo da trilha.

*Resposta do enigma*: "Ei-lo no templo, sentado entre os mestres".

## CÍRCULO DE INICIAÇÃO

Você sabia que Jerusalém é uma cidade sagrada para muçulmanos, judeus e cristãos? Lá se encontram lugares e escritos sagrados das três tradições religiosas.

Jerusalém tem quase três mil anos de existência.

Quando Jesus Cristo ainda era criança, seus pais ficaram admirados ao verem-no conversar com os sábios no Templo de Jerusalém.

Você já fez algo que deixou os adultos admirados? Conte para a turma o que você fez.

Depois, com o grupo, divirta-se na trilha para Jerusalém.

## ENIGMA

Os Evangelhos, livros sagrados do Cristianismo, foram escritos em língua grega.

Consulte as letras gregas da página 23 que correspondem ao nosso alfabeto e decifre esta frase do Evangelho, que está transliterada.

ει–λο νο τεμπλο, σενταδο εντρε οσ μεστρεσ (cf. Lucas 2,46).

## TRILHA DA SABEDORIA

Você pode pesquisar o significado das palavras "Jerusalém", "Páscoa", "Evangelhos", "Cristianismo" e "ressuscitar" e incluí-las no dicionário sagrado da turma.

## PASSATEMPO

Procure o garoto Jesus na trilha para Jerusalém:

- **Material:** um botão de cor diferente para cada jogador, uma caixinha pequena que contenha papéis com os números de 1 a 5.
- **Como jogar:** todos posicionam o botão na casa "saída"; cada participante retira um papel da caixa, mostra o número a todos e o devolve; avança em casas, na trilha, conforme o número que tirou; ao parar, lê a tarefa e vai para a casa indicada, mas não cumpre a tarefa seguinte; fica na casa até sua próxima vez de jogar. Vence quem chegar antes ao templo de Jerusalém.

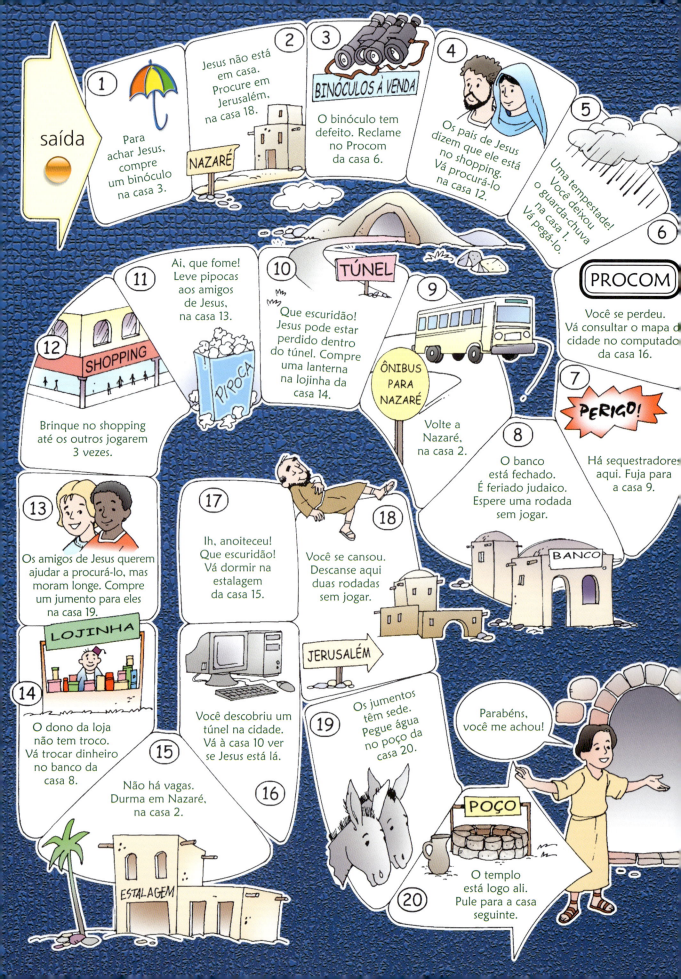

## MENSAGEM DA SEMANA

## A CIDADE É MUITO GRANDE

A cidade é muito grande
Eu não sei o que pensar
Nasce o dia, morre o dia
Cai a tarde e vem a noite
E eu aqui a rezar

Neste mundo, nesta terra
Nesta era, nesta hora
Que fazer para poder
Justificar o meu viver?
Só responde o eco de um silêncio
E eu me lembro de rezar

Pe. Zezinho. CD *Alpendres, varandas e lareiras.* v. 1. Paulinas/COMEP, 1999.

# Chaveiro dos enigmas

## USE ESTAS CHAVES PARA RESPONDER OS ENIGMAS E CRIAR NOVOS.

Acompanhado de = com

Agora = já

Apertado = nó

Barulho de fruta podre que cai da árvore = pof

Bezerro aprendendo a linguagem bovina = mé

Cacho de dedos = mão

Comando do diretor para começar a filmagem de uma cena = ação

Combustível do pulmão = ar

Comida que se dá a animais = ração

Concordo = sim

Carimbo de praia = pé

Despedida sentimental = adeus

15ª letra do alfabeto = o

Encaminhar-se = ir

Entrei no livro = li

Escrivão da armada de Cabral = Caminha (Pero Vaz de)

Espécie de peixe do mar = cação

Fim de uma viagem aérea = pouso

Função dos olhos = ver

Gostei da piada = ri

Grãos minúsculos de terra seca = pó

Interjeição de dor = ai

Medida do mar = milha

Melhor item da festa = bolo

Não deixei separado = uni

Não dispersar = unir

Notas musicais = 1ª: dó; 2ª: ré; 3ª: mi; 4ª: fá; 5ª: sol; 6ª: lá; 7ª: si

.... Cavalcanti, artista = Di

Olhei = vi

Ordem = vá

Palavra de cão = au

Pedido = dá

Pedido de socorro no mar = SOS

Presente no preto e na luz = cor

Primeiro som emitido por um carneirinho = bé

Resposta negativa = não

Segunda pessoa = tu

Sem companhia = só

Uma das ferramentas dos sete anões = pá

# Avaliação periódica

## ASPECTOS A SEREM AVALIADOS

- A participação de cada um.
- As atitudes que cada um conseguiu viver durante o ano.
- Se o livro ajudou ou dificultou as aulas.
- Quais as atividades que mais agradaram.
- Quais as que não funcionaram bem, e por quê.
- Se houve momentos de desinteresse, desordem, confusão, e quais foram os motivos.
- O que precisa ser modificado.
- O que pode continuar como está.
- Quais as sugestões de mudanças.
- Como cada um se sentiu no grupo.
- Como foi a participação dos familiares.
- Fazer uma síntese escrita dos principais pontos dialogados.

# Glossário

**Abençoar** – invocar proteção de Deus para alguém. Ação de Deus que protege e concede seu favor. As tradições religiosas têm modos próprios para invocar a bênção em diversas circunstâncias. Nos livros sagrados das tradições religiosas, há muitas narrativas de cenas em que as pessoas invocam a bênção de Deus.

**Antepassados** – as gerações passadas; em algumas tradições religiosas, os descendentes acreditam que os espíritos dos seus antepassados podem protegê-los, ajudá-los e guiá-los. Usa-se também a expressão para falar dos ancestrais dos seres humanos.

**Benevolente** – aquele que deseja o bem dos outros, que não julga, não condena, não castiga. Aplicada a Deus, a palavra traduz compreensão com as fraquezas humanas, perdão e justiça.

**Budismo** – doutrina e prática da tradição religiosa fundada no século VI a.C. por Siddharta Gautama, príncipe indiano que, ao chegar ao estado de iluminação e compreensão da vida humana e do transcendente, passou a ser chamado Buda, que significa "iluminado".

**Clã** – modelo de sociedade originado na Pré-História, organizado com base na descendência comum, no poder do xamã e do chefe, mediante crenças, códigos e tabus.

**Compaixão** – amor reverente e solidário por tudo e por todos, em particular pelos seres menores e mais fracos. Sentir-se participante de uma grande comunhão cósmica, na qual cada um se volta com solicitude não para si mesmo, e sim para tudo o que o rodeia. É uma das principais virtudes propostas pelas tradições religiosas do Oriente (Hinduísmo, Budismo, Xintoísmo e Taoísmo).

**Compassivo** – aquele que tem compaixão. Aplicada a Deus, a palavra significa a atenção amorosa e solícita para com as criaturas que dele necessitam.

**Corão ou Alcorão** – livro sagrado da religião muçulmana, traz a compilação do conjunto das revelações de Deus, Allah, ao profeta Maomé (Mohammad, em árabe), fundador do Islamismo no início do século VII, na região da Arábia.

**Crença** – ensinamento, ideia, doutrina que é objeto de confiança, esperança ou certeza. As crenças religiosas são resultados de experiências humanas elaboradas em forma de ideia ou convicção e transmitidas de uma geração a outra, formando assim as tradições religiosas.

**Cristianismo** – religião que tem sua origem na pessoa e na vida de Jesus Cristo e nos seus ensinamentos. Inspira-se, principalmente, no Segundo ou Novo Testamento, a parte da Bíblia que se refere a Jesus e seus seguidores e às primeiras comunidades cristãs. Suas características são: o amor ao próximo, inclusive aos inimigos, a ação solidária, a fraternidade, o perdão, a fé na ressurreição.

**Decreto** – lei ou ordem provinda de autoridade competente. Na linguagem dos livros sagrados, a palavra "decreto" refere-se, em geral, às atitudes éticas ou cultuais devidas a Deus, como forma de cumprir sua vontade, ou ainda ao projeto de Deus a respeito de cada pessoa e da criação.

**Discípulo** – alguém que procura conhecer, aceitar e seguir o pensamento de um mestre sobre determinado ensinamento ou doutrina.

**Escola dominical ou escolinha bíblica** – reunião de pessoas e/ou de crianças para estudo da Bíblia e da doutrina em Igrejas Evangélicas e Protestantes.

**Escritos/livros sagrados** – rolos, livros, pergaminhos, inscrições em pedras, em templos etc., que contêm doutrina, sabedoria e ética das tradições religiosas escritas. Alguns foram escritos pelos fundadores das respectivas tradições. Outros são de autoria desconhecida, pois sua origem perde-se no tempo.

**Espíritos** – algumas tradições religiosas, do passado e de hoje, creem nos espíritos dos antepassados, que continuam vivos e podem comunicar-se com os descendentes por meio dos sonhos; outras creem também nos espíritos totêmicos, isto é, em determinados animais, vegetais ou objetos que protegem a tribo ou o indivíduo.

**Evangelhos** – cada um dos quatro livros dos apóstolos Mateus, Marcos, Lucas e João que narram a vida, morte e ressurreição de Jesus Cristo. Fazem parte do Segundo (ou Novo) Testamento, a parte da Bíblia que fundamenta o Cristianismo.

**Hinduísmo** – tradição religiosa da Índia, originada nos escritos sagrados Vedas. Professa a existência de Brahma, deus supremo e criador, e de várias divindades menores. Com o passar dos séculos, o Hinduísmo foi recebendo novas interpretações e formaram-se várias outras tradições, com alguns pontos divergentes entre si, mas essencialmente semelhantes, como o Jainismo e o Budismo.

**Hieróglifos** – escrita do Egito antigo que representava realidades da vida humana e da vida dos deuses da religião egípcia. A palavra significa "escrita sagrada".

*Homo sapiens* – expressão latina que significa "homem inteligente" e indica os seres humanos que viveram no último período antes da invenção da escrita, há cerca de 6.000 anos, e deram origem aos nossos antepassados e a nós. Por isso nós também somos definidos como *homo sapiens*.

**Iluminador** – atribuída a Deus, a palavra significa "doador de sabedoria, de conhecimento, de discernimento". Nos livros sagrados, a pessoa iluminada é aquela a quem Deu revela seus projetos, seus desígnios, e a forma como eles podem ser acolhidos, compreendidos e seguidos.

**Iniciação** – ritos das tradições orais e escritas que marcam a passagem da infância para a idade adulta e tornam a pessoa plenamente participante dos direitos e deveres religiosos. Hoje, pode-se dizer que as crianças são "iniciadas" antes da adolescência, no conhecimento e na experiência de muitas coisas do mundo adulto, em consequência das múltiplas informações que recebem da cultura da comunicação.

**Islamismo** – religião fundada pelo profeta Mohammad (Maomé), no início do século VII, na região da Arábia. A palavra *Islã*, em árabe, significa "submissão à vontade de Deus". Os seguidores dessa religião são chamados de muçulmanos ou islamitas. Allah é a tradução da palavra "Deus" na língua árabe.

**Judaísmo** – religião judaica, fundada pelo povo de Israel há mais de 2.000 anos, quando os deportados do reino de Judá voltaram do exílio da Babilônia e reconstruíram o Templo de Jerusalém. A reorganização do culto ao deus bíblico Javé, a fundação de sinagogas e a revalorização da Lei do Sinai marcam o início da religião judaica organizada, da forma como existe até hoje.

**Locais sagrados** – locais reservados pelas tradições religiosas para reunião e celebração de ritos e cultos para a comunicação com o mundo transcendente. As tradições religiosas orais privilegiam a natureza, tais como: o recinto sagrado na caverna do clã, clareiras na floresta, troncos de grandes árvores, cascatas, margens de rios, cumes de montanhas etc. As tradições religiosas escritas, de modo geral, têm construções e monumentos que representam a habitação de Deus. Nas tradições religiosas afro-brasileiras, designam os terreiros, como os de candomblé, umbanda e outros.

**Mandamento** – nos livros sagrados refere-se aos códigos de ética, de comportamento e do culto que é devido a Deus em cada religião. Na Bíblia, tem também o sentido de caminho, ensinamento, educação.

**Mesquita** – a palavra significa "casa de oração", local sagrado de oração do Islamismo. Compõe-se de uma área de entrada, onde os crentes podem se purificar com água, e uma área interna, em geral coberta por tapetes, sem móveis. Nela as pessoas se reúnem para a reverência e adoração comunitária a Allah (Deus). O culto principal se dá às sextas-feiras ao meio-dia.

**Místicos** – pessoas que se dedicam de modo prioritário à comunicação com Deus, seguindo ensinamentos, ritos, exercícios de concentração, gestos etc., orientadas por suas respectivas tradições religiosas.

**Mitos da criação** – relatos mitológicos presentes nas tradições religiosas. Explicam as origens do universo, do mundo e da vida, atribuindo-as aos deuses.

**"No princípio"** – expressão da Bíblia hebraica usada no relato da criação. Refere-se a "antes da criação" e ao ato criador do Deus bíblico.

**Páscoa** – festa judaica que celebra a libertação do povo hebreu do domínio egípcio. No Cristianismo, recebeu um novo significado: a ressurreição de Jesus Cristo.

**Partilha** – palavra usada preferencialmente na linguagem religiosa. Caracteriza a atitude ética e religiosa de repartir alguma coisa entre duas ou mais pessoas, em partes iguais. Em geral se usa o termo em relação ao alimento ou à generosidade de quem tem mais em relação a quem nada tem.

**Prece ou oração** – nos livros sagrados, designa a comunicação específica da pessoa com Deus, em forma de súplica, agradecimento, louvor ou um simples diálogo de amizade.

**Ressurreição** – crença na sobrevivência da pessoa após a morte. Desde as civilizações antigas, havia a crença na ressurreição dos faraós, reis e imperadores. No Cristianismo, a partir da ressurreição de Cristo, ganha sentido mais preciso, tornando-se a meta da vida de todo ser humano. Significa o surgir depois da morte para uma nova e definitiva vida, distinta da existência terrestre. Difere da reencarnação, na qual o espírito sobrevive e pode retornar várias vezes a esta vida encarnando em outra pessoa.

**Reverência** – reconhecimento da dignidade e da grandeza de alguém e expressão desse sentimento em forma de gesto, atitude, palavra etc.

**Sacerdote** – pessoa que realiza os ritos de culto próprios de cada religião. É considerado um intermediário, um representante dos crentes diante do mundo transcendente ou de Deus.

**Sagrado** – local, objeto ou linguagem reservada para a comunicação com o transcendente.

**Salmo** – forma antiga de prece dirigida a Deus. Segue vários gêneros literários: poema, súplica, descrição etc. É característico da Bíblia, mas já era usado por tradições religiosas anteriores ao Judaísmo.

***Shabat*** – festa familiar semanal das famílias judaicas. Celebra a conclusão da criação e o repouso de Deus e da natureza, no sétimo dia. É dia de intensa convivência com Deus, por meio do estudo da Torá e do aconchego familiar. É evitado qualquer tipo de trabalho, para que toda a criação possa também descansar.

**Símbolo** – algo que representa e faz lembrar outra coisa, como um coração faz lembrar o amor, a água faz lembrar a possibilidade de vida de todos os seres etc. Os símbolos religiosos representam as crenças e os ensinamentos de cada tradição religiosa, tais como a luz, que lembra a existência e a presença de Deus, ou o círculo, que lembra a imortalidade.

**Sinagoga** – palavra de origem grega que significa "reunião". São os locais onde se centralizam a vida religiosa das comunidades judaicas. Nela estão guardados os rolos da Torá, que são lidos, meditados e estudados. O culto principal, de oração e leitura da Torá, e o de outros escritos sagrados acontecem aos sábados.

**Templo** – construções que marcaram os lugares sagrados das primeiras civilizações e dos povos antigos. Em geral, eram imponentes e sólidos, e muitas de suas ruínas existem até hoje. A palavra atualmente é usada com mais frequência em relação ao templo judaico de Jerusalém, que foi destruído pelos romanos no ano 70 d.C. Seus muros são lugar de veneração até hoje.

**Torá** – principal escrito sagrado da tradição religiosa judaica. Compõe-se dos cinco primeiros livros da Bíblia: Gênesis, Êxodo, Levítico, Números e Deuteronômio.

**Tradição religiosa** – palavra usada atualmente para designar determinado grupo religioso ou o conjunto das doutrinas, da ética e do culto de uma religião. Por exemplo: tradição religiosa islâmica, tradição religiosa budista etc.

**Tradições religiosas tribais orais ou ágrafas** – de *a* ("sem") + *grafós* ("escrita"). Conjunto de tradição, costumes e ritos dos povos que não possuem escritos sagrados e mantêm sua identidade pela tradição oral. São as formas mais antigas de tradição religiosa, mas existem até hoje em muitas regiões do mundo.

**Transcendente** – algo que transcende, isto é, está além das realidades deste mundo. De modo geral, o termo é usado em relação ao mundo dos mistérios das crenças religiosas, isto é, em relação à existência de seres e realidades que as capacidades humanas não conseguem apreender em sua totalidade.

**Xamã** – espécie de sacerdote das tradições religiosas orais, a quem se atribui a função e o poder de recorrer a forças ou entidades sobrenaturais para realizar curas, adivinhação, exorcismo e encantamentos através de rituais. Atua como intermediário e intercessor junto aos espíritos, considerados responsáveis pelos acontecimentos bons e maus.

# Sumário

Convite a quem ama a educação .................................................................................. 5

Ensino Religioso – Componente curricular do Ensino Fundamental ................ 7

Orientações para o uso deste livro ............................................................................. 11

## UNIDADE 1 – A comunicação no planeta Géa
**1.1.** Agentes secretos de Géa ........................................................................... 14
**1.2.** Palavras (quase) "mágicas" ...................................................................... 18
**1.3.** Dicionário do conhecimento sagrado ................................................... 21
**1.4.** A casa dos seres pensantes ..................................................................... 25

## UNIDADE 2 – O diálogo de todas as coisas
**2.1.** Iniciados na comunicação sagrada ........................................................ 30
**2.2.** A sagrada voz da natureza ....................................................................... 33
**2.3.** Conversa ao redor da fogueira ................................................................ 36
**2.4.** O código de Filipe ..................................................................................... 40

## UNIDADE 3 – O caminho dos textos sagrados
**3.1.** A floresta de pedra .................................................................................... 46
**3.2.** A grande biblioteca ................................................................................... 50
**3.3.** O caminho dos sábios .............................................................................. 53
**3.4.** A escola dominical .................................................................................... 56

## UNIDADE 4 – A procura da comunicação sagrada
**4.1.** Saudação ao Sol ........................................................................................ 62
**4.2.** O encontro na praia .................................................................................. 66
**4.3.** A voz de Deus no coração ........................................................................ 70
**4.4.** A trilha para Jerusalém ............................................................................. 73

Chaveiro dos enigmas ................................................................................................... 79

Avaliação periódica ........................................................................................................ 81

Glóssário ........................................................................................................................... 83